“最低でも目標達成”できる営業マンになる法

株式会社アタックス・セールス・アソシエイツ
水田裕木
HIROKI MIZUTA

同文舘出版

まえがき

もし、この本を手に取ったあなたが、すでにトップセールスなら、これ以上は読み進めないでください。

本書は、目標予算を達成したいのに、思うように達成できない営業パーソンのために書いたものだからです。

おそらく、本書を手に取ったあなたは、営業として売上げを上げるために日々努力をしていることと思います。

営業という職種は、自分自身の成果が数字と直結しているため、成果が上がっているかどうかがわかりやすく、成果を上げている営業パーソンにとっては、これほどおもしろい仕事はないと思います。その反面、成果が上がっていない営業パーソンにとっては、苦痛以外の何者でもない仕事でもあります。

思うように目標予算が達成していなければ、上司に罵られ、周囲には冷ややかな目で見られ、肩身の狭い思いをしながら仕事をしているのではないでしょうか。

「何で、これぐらいのことができないんだ？」

「どうせ、やる気ないいんだろう？」

「君が数字を上げてくれないと、俺の評価が下がるんだよ」

「君には一番頭を悩ませているよ」……

そして、同僚からは見下されたような慰めの言葉をかけられ、腹を立てることもあるのではないでしょうか。

「何で、おまえだけ取れないんだろうな?」

「まっ、いずれは取れるでしょ」

「本当に、ちゃんとやってる? 普通にやれば取れるはずなんだけどなあ」

毎月毎月、目標予算が未達成に終わることが当たり前になっていて、諦めや劣等感を感じ、仕事が楽しくないと感じはじめているのではないでしょうか。

もし、あなたがそうなら、本書でご紹介する目標予算を最低でも達成させる手法である**「予材管理」**という自己マネジメント技術を使って、あなたの悩みを解消してほしいのです。

世の中には、多くの営業ノウハウ本があります。そこで紹介されている営業ノウハウは、トップセールスの一部のノウハウを紹介しているだけで、今よりもうまく営業ができるようになるかもしれませんが、〝目標予算を必ず達成するトップセールス〟にまではなり得ないものがほとんどです。

ここでご紹介する「予材管理」という手法は、今よりも営業がうまくなるという方法論ではありません。目標予算を、最低でも達成できる方法論なのです。

目標予算を常に安定して達成させるためには、心がけや意識だけではなく、しっかりと自分自身をマネジメントする仕組みが必要なのです。

この「予材管理」という手法を活用することで、目標予算を前倒しで達成する習慣が身につき、数字に追われることのない営業人生が送れるようになります。そして、目標予算に足りなくて、月末に顧客に頭を下げて受注するといった、神経をすり減らすこともなくなります。周りが月末にあせって営業活動をする中、あなただけ来月の仕込みをしているといった優越感に浸ることもできるようになります。そして、前倒し達成のサイクルが習慣化してくると、あなた自身も営業に対して自信がつき、毎日の仕事が楽しくなっていくはずです。

この「予材管理」という手法は、わが社のセミナーを受けた多くの企業で採用され、実践されている営業マネジメントの手法です。あまりの依頼の多さに、われわれのコンサルティング・研修は、半年以上お待ちいただかなければならないほどの行列ができています。

また、この予材管理を実践いただいたクライアントから、「予材管理は、今ではわれわれの精神安定剤です」とまで言わしめた手法なのです。

この、コンサルティング現場で生み出された自己マネジメント技術の全貌を本書で明かし、個人の自己マネジメント技術として活用していただくことで、「今よりもよく」ではなく、「最低でも目標予算を達成させるトップセールス」に変身することができるのです。

「本を読んだだけでうまくいくはずがない」

とお考えかもしれませんが、本書で教える手法は意識して身につけるものではなく、トップセールスの思考や行動を、仕組みを活用することで習慣化させるものなのです。ですから、あなたが強く意識していなくても、強制的に意識できる仕組みになっています。

また、本書はトップセールスになるための手順が一つひとつ書かれているので、章ごとに書いてある内容を順番に実践していただくことをお勧めしています。

1章では、目標を達成させるための原理・原則

2章では、現状維持バイアスのはずし方

3章では、大量行動の必要性とそのやり方

そして、4章から7章にわたっては、本書のメインテーマとなる「予材管理」

最後の8章では、トーク技術

について紹介をしています。

1章ごとに書かれているノウハウを、一つずつ試していただき、8章のノウハウを活用している頃には、常に目標予算を達成しているトップセールスに変貌しているはずです。

読者のみなさまが、「リアル・トップセールス」になっていただけることを願っています。

2013年3月

水田　裕木

1章

あなたはトップセールスになる勇気がありますか？

2章

現状維持バイアスを破壊して、「リアル・トップセールス」になる

3章

「大量行動」が生み出す効果

4章

絶対に目標達成させる自己管理技術「予材管理」

5章

予算を達成するために絶対必要な「白地」という考え方

6章

白地を積み上げる方法

7章

予材の入れ替えを高速で実施する

8章

新時代のトーク技術「ハードコミュニケーション」

装丁・本文デザイン／ホリウチミホ（ニクスインク）

1章

あなたは
トップセールスになる
勇気がありますか?

1 トップセールスと凡人営業の違い

あるクライアント先でのこと。

私「○○さん、今期3億円の目標は早々と達成ですね！　しかも、達成しているのは社内で1人だけじゃないですか！」

営業「ええ！　そうですね。おかげさまで、今期の目標は達成です。ただ、これで終わりではありません」

私「えっ？」

営業「会社の目標は、あくまで会社の目標です。私はもともと、10億円を目標にしてやっていますので」

このようなことを、平然と話してくれたのが、ある建設会社のトップセールスマンでした。

この状況を見て、「この人は特別だ！」「冗談で言っているのでは？」と思われるのであれば、本書に書かれている内容は、あなたを大きく変えるきっかけとなるかもしれません。

実は、この思考こそ、トップセールスと凡人営業を分ける、最も大きな違いだからです。

私は、今ではコンサルタントですが、数年前はある金融関係の企業で営業をしていました。

私も営業時代に、「どこに焦点を当てるか」による結果の差を感じた経験があります。

私が以前勤めていた会社は、離職率が非常に高く、社員がまったく定着しない会社でした。店長を含めて3人の営業と、営業事務1人、アポインター1人の小さな営業所で営業をしていた時のことです。

ある日、3人いた営業のうちの1人が退職して、営業人員が2人になってしまったことがあります。

営業は、店長と私の2人のみ。

前職の営業というのはノンバンク業界で、中小企業に融資を行なっていたのですが、営業に課せられている業務というのが2つあり、それは営業と債権管理・回収でした。営業だけでなく、債権回収も行なわなければならない立場だったのです。

たった2人で、未入金先や不良債権の回収業務、300近くいる既存顧客への営業と入金管理をしながら、新規開拓も行なっていかなければならなかったのです。そのような状況に直面した時、当時の店長が、私にある提案をしたのです。

「おそらく、お互いに営業と債権回収をやっていると効率が悪い。このままでは、営業ノルマは達成しないので、これからは営業と債権回収を分業にするぞ！」

という提案でした。営業は私が、そして債権回収および営業の周辺業務は、すべて店長が行なうという役割分担です。ここで私は、2人分の目標予算を追うことになったのです。

これまでの、自分1人分の目標予算から、2人分を達成しなければならないという事実に

「焦点が当たった」のです。

そして焦点が当たった瞬間、行動スピード、思考スピードが劇的に変わっていきました。

これまで、別にサボっていたつもりはなかったのですが、当初とは比べものにならないくらいに交渉のスピードが上がり、交渉が終わった後、次の交渉に移る行動スピードも圧倒的に速くなっていったのです。

そして、店長は、稟議作成などの作業いっさいを私から取り上げ、営業の交渉だけに専念させてくれたのです。

ひとつの契約が確定しても、次！　次！　次！　と、営業活動を必死になってこなしていく毎日が続きました。休んでいる暇などはありません。2人分の目標予算を、1人でこなさなければならなくなったからです。

そして、店長には文句も言えません。なぜなら、ただでさえ骨の折れる回収業務を一手に引き受けてくれたうえに、営業に関わる資料作成業務も、すべて1人でこなしてくれていたからです。

こうして私は、無我夢中で営業をこなしていき、気がつくと1ヶ月が過ぎていきました。1ヶ月が終わってみると、私は1人で2人分以上の実績を叩き出し、これまでの私の営業成績の中で、過去最高の実績を築いたのです。インセンティブも、過去最高の金額だったため、その時のことは、未だによく覚えています。こうして気がついてみると、先月の倍以上の実績を上

目標の焦点を変える

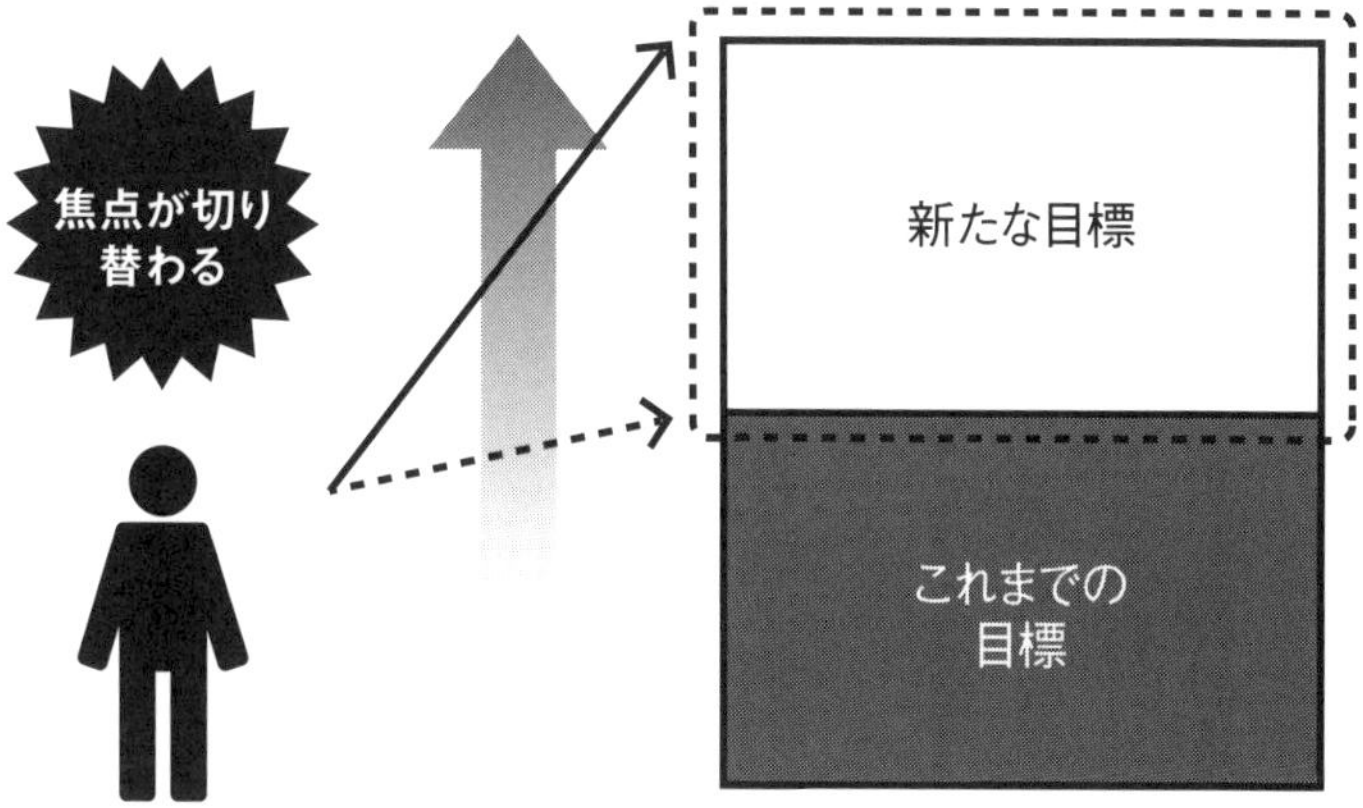

げていたのです。

この事実を、あなたはどう解釈するでしょうか？　世の中には、営業の実績を上げるためのさまざまなスキルやノウハウがあります。

それらは、トーク技術や紹介をもらう技術、見た目の印象、接遇など、多岐にわたります。このような営業スキルが不要だとは言いません。非常に大切なものです。

しかし、先月の私と今月の私で、営業スキルがそんなに大きく変わったのでしょうか？　みなさんもよくごぞんじの通り、スキルはそんなに簡単に身につくものではありません。

おそらく、営業のスキルは先月とほとんど変わらなかったはずです。

それでは、この1ヶ月の間で何が変わったのでしょうか？　営業に専念できたから実績が上がった？　それも、少しはあるかもしれません。しかし、営業サポートの人員を増やして営業マンを営業に専念させても、実績はあまり変わらなかった、という話はよく聞く話で、そこまで大きく影響したとは思えません。

それでは、いったい何が変わったのでしょうか？ **決定的な違いは、「目標に対する焦点が変わった」**ということなのです。

これまでは、自分1人に課せられた営業ノルマを達成するために営業活動をしていました。しかし、1人の営業の退職、店長の提案などで環境が大きく変わり、2人分の営業ノルマを1人で達成しなければならなくなった結果、目標に対する焦点が切り替わったのです。

「どの数値に焦点を当てているのか」――ここが、トップセールスと凡人営業の最大の違いなのです。

2 無意識の力を利用してトップセールスになる

では、なぜ、目標に対する焦点が変わることで、業績を上げることができたのでしょうか？

それを、今からご説明します。

それは、脳の3大原則のうち**「焦点化の原則」**と**「空白の原則」**が大きく影響しています。

「焦点化の原則」とは、**人は世の中にある大量の情報の中で、焦点が当たっている情報を無意識に選択している、**ということです。

たとえば、あなたが出勤前にテレビをつけて、『めざましテレビ』などのニュースを見ていたとします。ニュースが終わり、星座占いがはじまりました。そこで、あなたの星座がランキング1位になったとします。そして、「今日は、何かいいことがあるかな」と考えながら、ふとラッキーカラーを見ると「赤」と表示されていたとします。ここで、**あなたの脳が赤に焦点を当てることにより、焦点化の原則が働きはじめる**のです。

あなたは通勤途中で、これまで見えていなかった「赤」という情報が、次々に視界に入ってくることを体験します。赤い屋根の家が目に飛び込んできたり、赤信号が気になったり、電車に乗ると赤い傘を持っている人が目に入ったり、赤いボールペンが気になりはじめるのです。

これまでも、赤い屋根の家や赤信号を目にする機会は何度となくあったはずです。しかし、それに気づいていませんでした。ところが、**脳が「赤」に焦点を当てた瞬間、その情報を探さなくても、無意識のうちに目に飛び込んでくるようになる**のです。

他にも、焦点化の原則の例として、あなたが転職を考えはじめたときなども同じような現象が起こります。あなたが転職を考えはじめることによって、脳が「転職」に焦点を当てた状態になります。

そうすると、これまで気にも留めなかった、新聞の小さな求人広告が無意識のうちに目に飛び込んでくるようになるのです。これが焦点化の原則です。

そして、次に「空白の原則」です。

空白の原則とは、**脳に空白ができると、人間はその空白を埋めたいという生理欲求に駆られる**、というものです。たとえば、「昨日の夕飯は何を食べましたか？」と、私が質問したとします。そして、昨日の夕飯で何を食べたかが思い出せなかったとします。これが、脳に空白ができた状態です。そうすると、このわからない状態を脳が嫌い、必死に思い出そうとします。「ん〜、昨日の夜は何を食べたっけ？」「何だったたっけなぁ〜？」といった具合に、必死に脳にできた空白を埋めようとするのです。

なぜ、このように脳にできた空白を埋めようとするのかというと、人が持つ**「安全・安心の欲求」に大きな関わり**があります。人は、危険なところに恐怖を感じ、その状態を避けたいと思います。逆に、安全な場所は非常に居心地がよく感じるのは、この安全・安心の欲求が満たされるからです。

脳はわからない状態に置かれると、状況がつかめないことに不安を感じはじめます。不安を感じると、安全・安心の欲求が起動しはじめ、その状態を回避するように脳に命令を与えます。そして、わからない状態を回避するために、答えを探しはじめるのです。しかも、この回避するための行動は、**意識をしていない状態（無意識）でも、常に稼動し続けて解答を探し出す**のです。これが、空白の原則です。

そこで、「なぜ、目標に対する焦点が変わることで業績を上げることができたのか？」ですが、この2つの原則がうまく働いたことが大きな要因なのです。

目標予算に焦点を当て続けることにより、焦点化の原則が機能し、それに関連した情報が飛び込んでくるようになったのです。目標達成に関連する情報とは、目標予算を埋めるためのネタです。お客様が発信する言葉に敏感に反応し、そのネタを仕事に結びつけていくことができたのです。

よくトップセールスは、「あいつは顧客に恵まれているから、あんないい成績を出せるんだよ」と妬まれることがあります。しかし、本当は顧客に恵まれているわけではないのです。

他の営業マンについても、お客様は同じようにネタを発信しているのですが、それに気づいていないのです。トップセールスは、目標予算を達成することに焦点が当たっているため、お客様が発信するちょっとした問題や不満に敏感に反応し、それを仕事に結びつけているだけなのです。

私が、2人分の目標予算を達成した時も、自分自身が「2人分の目標予算を達成しなければならない」ということに焦点が当たっていたため、お客様が発信するネタに敏感に反応していった結果なのです。そして、2人分の目標予算を埋めるためにはどうすればいいのかと考えることにより、空白の原則が機能しはじめたのです。

2人分となると、個人の目標予算を追っていた時とは比べものにならないほどの大きな空白ができます。その空白を埋めたいという力を今まで以上に発揮し、ふだんなら個人のノルマが達成された時点で無意識に緩めていた行動を、緩めずに継続することができたのです。つまり、営業スキルが急に高まったわけではなく、この焦点化の原則と空白の原則を、うまく利用しただけなのです。

営業スキルを体得するには時間がかかります。しかし、目標予算を高く設定して活動することは、別に時間がかかることではありません。

まずは、この**焦点化の原則と空白の原則という無意識の力を利用して、今のあなたのポテンシャルを最大限に発揮する**ことが、トップセールスになる一番の近道なのです。

そして、目標予算を高く設定し、大きな空白ができている状態で営業スキルを学ぶ機会を与えられたなら、その吸収力は、空白のない人間と比べると雲泥の差が生まれることは間違いありません。

空腹時に食事を出されるのと同じぐらい、空白ができた状態で営業スキルを提供されたなら、その吸収力は計り知れないものとなるのです。トップセールスになるためには、まず「高い目標予算の設定」「目標予算への焦点化」が大原則となるのです。

3 なぜ、高い目標を設定したくないのか？

「高い目標予算の設定」という話をすると、あなたは非常に大きな抵抗感を感じたのではないでしょうか？

「今の目標予算ですら達成させるのに、こんなに苦労しているのに、それ以上の目標を設定するのはなあ〜」

「何となく話はわかるけど、その目標を設定しても、達成しなければ意味がないし……」

このような考えが、頭に浮かんだのではないでしょうか。多くの人が、何かを決断する時に大きな抵抗感を感じるものです。なぜ、人は何かを決断する時に大きな抵抗感を感じるのでしょうか?

それは、**「一貫性の法則」**というものが大きく関わっています。一貫性の法則とは、**「人は、自分自身が発した言葉や行動に対して、一貫性を保ちたいという心理」**です。

一貫性の法則は、われわれの行動に大きな影響力を与えます。あるレストランでは、この一貫性の法則を使ってキャンセルを大幅に減らしたという話があります。

その店では、予約を受けるものの、受け付けた予約のうちの30%が、連絡もなくキャンセルされるという事態が続いていたそうです。ほとほと困りはてた店長は、ある行動を起こしたのです。

その行動とは、これまでは予約を受け付ける時に「キャンセルなさる時はお電話ください」と言っていたのを「キャンセルなさる時は、お電話をくださいますか?」に変更したのです。この問いかけに、ほぼ全員の人が「はい」と答えました。

実は、この「はい」と言わせることが肝心で、「はい」と言わせることによって、一貫性の法則が働くことになります。その結果、これまで30％もあった無断キャンセルが、10％にまで減少したそうです。

その他にも、一貫性の法則が、いかに人に影響力を与えるかという事例が、社会心理学者の権威であるロバート・チャルディーニ氏の手によって明らかにされています。これは、ある玩具メーカーが毎年伸び悩むクリスマス明けの1月、2月の売上げを一貫性の法則をうまく活用して売上アップに成功した事例です。

ある玩具メーカーでは、クリスマス商戦で、多くの子供におもちゃが買い与えられる反動で、毎年1、2月は売上げが大きく減少することに頭を悩ませていました。子供がいくらおもちゃをほしがっても、「12月に買ったばかりだろう」と言われ、1月、2月には、親がおもちゃを買い与えることが極端に少なくなるのです。

そこで、玩具メーカーが考えた秘策は、まず、クリスマス前におもちゃの魅力的なコマーシャルをテレビで流しはじめて、子供たちがそのおもちゃをほしがるようにします。子供たちはそのおもちゃがほしいため、クリスマスに買ってもらえるように両親に頼み、両親もそれを承諾します。

そして玩具メーカーは、クリスマスに子供たちが両親に買ってもらうことを約束させたおもちゃを、あえて少なめに用意するのです。代わりに、玩具メーカーは魅力的なおもちゃを、前もって十分に用意しておきます。その結果、そのおもちゃが買えなかった両親は、仕方なく同じぐらい魅力的なおもちゃを代わりに購入することになります。

そして、クリスマス商戦が終わった頃に再度、クリスマス前に宣伝したおもちゃのコマーシャルをテレビで流しはじめます。その結果、子供たちはまた、このおもちゃをほしがることになるのです。

そして子供たちは、このように両親に訴えかけるようになるのです。「この前、このおもちゃを買ってくれるって約束したじゃないか」と。

この言葉を聞いて、約束は守らなければならないと子供に教育するためにも、両親はそのおもちゃを買わざるを得なくなるのです。このように、一貫性の法則とは、自分が言ったことと実際の行動を合わせようとする心理です。

人は、言っていることと実際の行動が違う人を見かけると、「信用できない」とか「裏表のある人」と感じるものです。そして逆に、言っていることと実際の行動が一貫している人は、「優れている」と感じる心理があります。

そこで、「高い目標を設定する」と決断する時、「もし達成しなければ、一貫性を欠いた人間に見られてしまうのではないか」という心理が働き、高い目標を設定しようとしなくなります。これが、チャレンジ精神を削いでしまうひとつの原因なのです。

しかし、逆にこの心理をうまく利用することができると、トップセールスとなるための大きな力になります。

人は、一度自分が発した言葉や行動に対して一貫性を保ちたいという心理が働くので、**「高い目標を達成する」と宣言してしまえば、宣言した後は一貫性の法則が自動的に働くことになる**からです。高い目標を達成すると宣言した自分自身に、一貫性を保とうという力が働き、できるだけ目標達成に近づけようとする心理が強力に働きはじめることになるのです。

この一貫性の力は、コミットメント（宣言）することにより働きはじめます。

「自分の心の中だけでコミットする」→「コミットを紙に書き出す」→「コミットを誰かに宣言する」という順番で、一貫性の力が強くなっていくことになるため、一貫性の力を最大限に発揮させるためには、誰かに宣言するといいでしょう。

4 目標を達成しなければどうなるかを冷静に考える

本章の冒頭から、「高い目標を設定する」「その目標を誰かに宣言する」などの内容に触れてきました。しかし、いくらこのような話をしても、なかなか受け入れることができない方も多いのではないでしょうか。

「簡単に言うけど、高い目標を設定し、その目標を宣言するなんてできないよ」という言葉が聞こえてきそうです。

「この著者は、無責任なことを言っている」と感じられた方もいるのではないでしょうか。しかし、一度ここで冷静になって考えてみていただきたいのです。

もし、宣言した目標が達成しなければどうなるのでしょうか？

「上司に叱られる」でしょうか？

「社内での評価が低くなる」でしょうか？

会社から与えられた目標予算以上のことをやりきると宣言している営業マンに対して、本人の目標が達成しなかったからといってクビにしたり、罵ったりなどするでしょうか？　そんなことは、まずあり得ません。

そして万一、叱られたり、評価が低くなるようなことがあったとしても、高い目標を宣言して努力することは、必ず**あなたの市場価値を高める結果につながります。**

努力しなくても達成できる目標を設定し、それを達成してきた営業マンと、常に高い目標に挑戦し続け、それが未達成だったとしても、試行錯誤を繰り返してきた営業マンとでは、5年後10年後、どちらが本物の実力を兼ね備えた営業マンになっているでしょうか？

あなたは、部下として入社してきた新人に対して、この前者、後者のどちらであってほしいと考えるでしょうか？　そして、市場価値の高い営業マンはいったいどちらでしょうか？　答えは明白です。

本章の冒頭でご紹介した、ある建設会社のトップセールスですが、彼はまだ自分自身で立てている高い目標については未達成に終わっているようです。

通常の営業マンが、2〜3億円の売上ノルマに焦点を当てている中、1人だけ通常の目標予算の3倍以上を設定し、その目標を上司に宣言して行動しているのですが、まだ実現には至っていません。

しかし、高い目標を設定することによって、明らかに他の営業マンとの動きとは異なり、保有する案件の量にも雲泥の差がついていったのです。そして、本来なら保有する案件量が増えてくれば、商談に多くの時間が割かれて、なかなか次の案件を発掘する活動に時間を割けなくなるところですが、このトップセールスは10億円という目標に焦点が当たっているため、商談の時間を割きながらも、案件を発掘する活動を疎かにすることもありませんでした。

不動産屋からもたらされる、可能性の低い紹介話に対しても、そのわずかな可能性に賭け、真摯に対応することが好評を得て、今では社内で一番紹介をいただける営業マンになっているようです。それも、入社してたった2年しか経っていないにもかかわらずです。

そして、高い目標を達成するために、会社に対して問題提起をすることもあり、その姿勢が経営幹部に認められて、会社の方針を検討するプロジェクトに参加するまでになっています。宣言した目標は未達成のままですが、罵られるどころか、会社の未来を任せるための幹部候補生として期待される人物になっているのです。

あなたは、この話を聞いてもまだ、今まで通りの自分自身でいたいと思うでしょうか？

これまで通り、できるだけ低い目標設定をして、無難に過ごしていく人生、そして振り返ると何も自慢できる話などなく、孫に「おじいちゃんの話ってつまらないね」と言われるような人生でありたいでしょうか? それとも、高い目標を設定して苦労はしたが、得るものが多くて充実した人生。歳を取ってからも、孫から「おじいちゃんみたいな人になりたい」と言われるような人生。**未来の自分自身の姿**を考えた時、あなたはどちらになっていたいと思うでしょうか?

5 目標設定して未達成だった場合の対処法

目標を設定してうまくいかないと、自分自身を責める方もいるのではないかと思います。そこで、もし設定した目標が未設定に終わってしまった場合の対処法についても、少しお話をしたいと思います。

もし、目標が未達成に終わってしまい、「何で俺は、こんなにできないやつなんだ」「俺は無能なのか?」「どうせ無理なら、やめてしまおう」と考えてしまう方には、ぜひ覚えておいていただきたい対処法です。

目標が未達成に終わってしまった場合の対処法とは、**「失敗したとは思わない」**ということです。失敗したとは思わず、成功するまでやり続ければいいのです。

「拍子抜け」されたでしょうか? しかし、これは非常に大切なことです。成功するまでやり続けることの大切さを教えてくれる、有名なエジソンのエピソードがあります。

エジソンは、電球を発明するまでに1万回もの実験を行なったそうです。1万回目に成功したということは、裏を返すと、9999回の失敗を繰り返したということです。そこで、エジソンの助手が、失敗を繰り返すエジソンにこのように質問しました。

「また失敗ですね。いつまで失敗を繰り返せば諦めるのでしょうか?」

しかし、この質問を気にする様子もなく、ただ、エジソンは猛然とノートに何かを書き続けていたそうです。そこで助手が「何をしているのですか?」とたずねたところ、エジソンはこう答えました。

「今、うまくいかない方法をひとつ学んだ」と言ったということです。エジソンのこの考え方からすると、人生においてわれわれが経験することは、たったの2つしかないということになります。

それは、**「成功する経験」**と**「学ぶ経験」**の2つです。たとえ目標が未達成だったとしても、それは失敗ではないのです。未達成だった経験から、この方法ではうまくいかないことが明確になった、ということなのです。

目標が達成できない方法が明らかになったのであれば、これまでのアプローチを改善してPDCAサイクルを回せばいいだけのことです。

成功者と成功をつかめない人の違いは、ほんの小さなものだと言われています。そのほんの小さな違いとは、物事の**「解釈」の違いだけ**なのです。

たとえば、今あなたが勤めている会社が倒産したとします。ここで、成功をつかめない人は、「勤め先が倒産」→「なぜ、俺はいつも運が悪いんだ」→「もう、人生の終わりだ」→「最悪の場合、死を選択」という思考回路になります。逆に、成功者は同じことに遭遇したとしても、まったく違う解釈をします。

成功者は、「勤め先が倒産」→「より充実感が得られる仕事に就けるチャンスかもしれない」→「勤め人ではなく、完全な自立と自由を手に入れたい」→「独立の道へ」という思考に発展していくのです。

今後、より充実した人生を味わえそうなのは、やはり成功者のほうです。しかし、ここでよく考えていただきたいのが、**2人とも目の前で起こっている出来事自体はまったく同じもの**だということです。

成功というのは、すばらしいことが起こり続けるということではなく、どのようなことが起きても、すばらしい反応を選ぶということなのです。同じ事実だったとしても、解釈が違えば、その後の行動が変わり、自ずと結果も変わっていくことになるのです。

では、今ネガティブな解釈を持っている人は、このポジティブな解釈の習慣に変えるためにはどのようにすればいいのでしょうか？　それは、今、何がうまくいっているかに焦点を当て、自問自答を繰り返すことです。

われわれは、仕事などで常に、「ダメなところ」「できていないところ」「不十分なところ」に焦点を当てることで、「なぜ、できないのか」という問題思考をすることに慣れています。しかし、自分自身の問題に「なぜ、できないのか？」を繰り返してしまうと、どうしても嫌なことばかりを想像してストレスがたまる一方です。

ポジティブな解釈の習慣を身につけるためには、問題に焦点を当てるのではなく、**うまくいっていることに焦点を当てて自問自答をすること**です。たとえば、毎日の仕事が終わった後で、**「今日、うまくいったことは何か？」「どうすれば、それを広げられるか？」**といったことを、毎日毎日自問自答し続けてください。できていることに焦点を当てる習慣が身についてくれば、いつの間にかポジティブな解釈ができるようになるはずです。

6 トップセールスになるための最初のマインドセット

1章の最後に、トップセールスになるための最初のマインドセットについてのお話をしたいと思います。この話の核心に入る前に、ある事実を知っておいていただきたいと思います。それは、**「外見の魅力がどれぐらい人に影響を与えるか」**ということです。

人は、外見的に魅力のある人が、人生において得をしているのではないかということを感じていることと思います。美男美女であるというだけで、能力が高いとか、誠実であるとか、才能に溢れていると思われやすく、美男美女というだけで、周りから高い評価を受けているのではないか、と誰もが感じているのではないでしょうか。

しかし、この外見的魅力が他人に及ぼす影響力は、実際にはそれ以上の大きな効果が見込めるのです。

あるアメリカの研究で、この外見的な魅力が、人の判断にどのような影響を及ぼすのかを実験した事例があります。それは、ペンシルバニア州の刑事裁判で行なわれた研究でした。

刑事裁判に起訴された被告人714人を、判決が言い渡される前に外見的な魅力を判定し、魅力のあるグループと魅力のないグループに分けました。そして、裁判が終わった後で、714人の被告人の判決結果を調べたところ、何と外見的に魅力のあるグループが、ないグループに比べて、ずっと軽い刑を言い渡されていることがわかったのです。

それに加えて、外見的な魅力のあるグループは、魅力のないグループに比べて刑務所に入った人が半数しかいなかったという事実も明らかになりました。そして、もうひとつの実験も行なわれました。

今度は、被告人と犠牲者を比べて、どちらのほうが外見的な魅力があるのかを判定し、犠牲者よりも被告人のほうが魅力があった場合と、被告人よりも犠牲者のほうに魅力があった場合に分けて、それぞれ判決後の損害賠償金額の平均値を取ったのです。

その結果、犠牲者よりも被告人の方に魅力があった場合の損害賠償金額が5623ドル。そ

外見的魅力の影響力

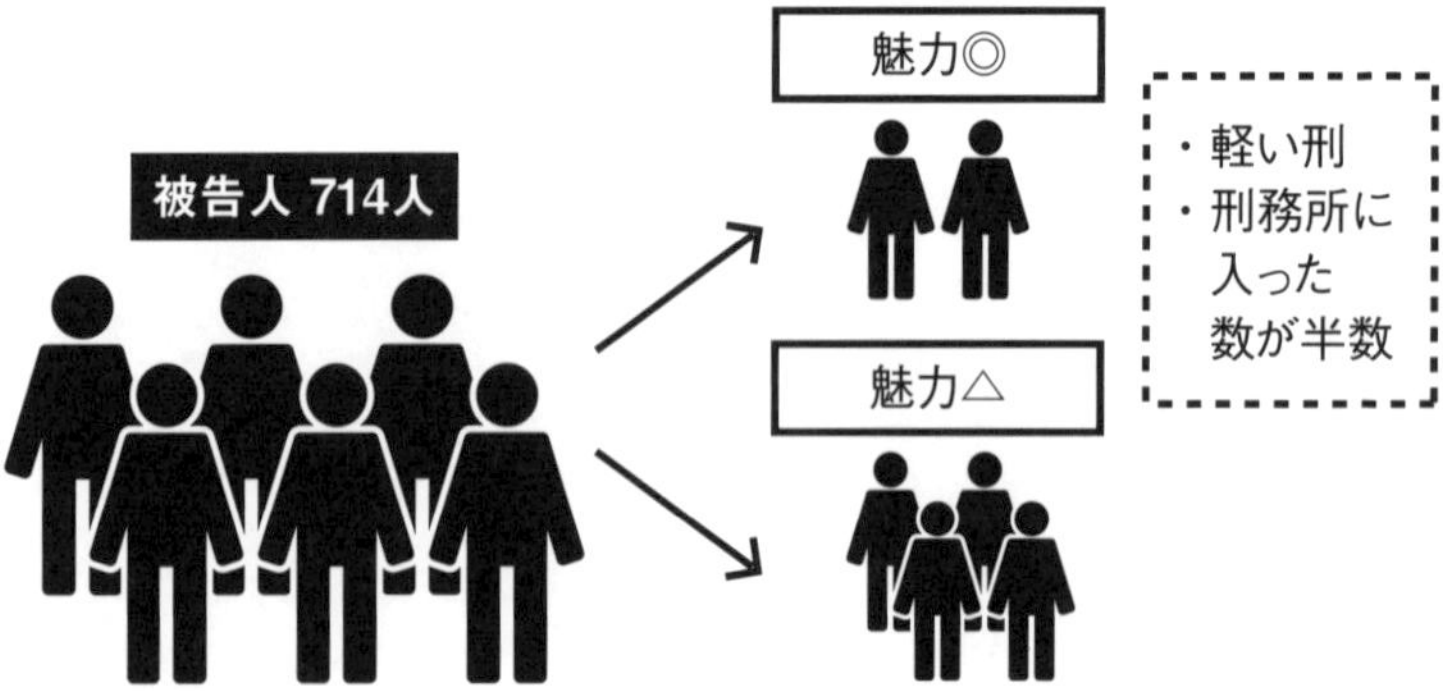

魅力			損害賠償金額
被告人	＞	犠牲者	5,623ドル
被告人	＜	犠牲者	10,051ドル

れに対して、被告人よりも犠牲者のほうに魅力があった場合の損害賠償金額は、何と1万51ドルだったのです。

　これによって、外見的な魅力が人の判断に大きな影響を及ぼしていることがわかりました。営業においても、この外見的魅力は大きな影響を及ぼしていると考えられます。しかし、営業における外見的な魅力とは、決して美男美女ということではありません。

　営業における外見的な魅力とは、**「自信」**です。

　自信のある態度・自信のある振る舞いが、お客様から見ると頼もしく映り、もし頼むなら、あの営業マンに頼もう、と思わせるのです。トップセールスは、常に自信を持っています。実際に成績を上げ、社内からもお客様からも認められる環境の中で、自信がみなぎっています。そして、そのみなぎる自信によって、お客様の目に頼もしい存在に映り、さらに仕事が舞い込んでくるというサイクルになっているのです。

しかし、成績がよくない営業マンは、自分自身に「自信」を持つことができず、自信のない態度や振る舞いを取ってしまいます。そして、その自信のない態度や振る舞いが、お客様から見ると頼りないものに映り、仕事を依頼することを躊躇させてしまうことになるのです。

だからと言って、成績がいまひとつ伸びない営業マンに向かって、「自信を持て！」と言ったところで、なかなか自信を持つことなどできません。自信がなければ、成績がついてくることはありません。しかし、成績がついてこなければ自信がつくこともありません。

では、まだ成績がついてきていない営業マンは、どうすればいいのでしょうか？

それは、**「自信のあるフリをする」**のです。目標実現の本を読むと、よくこのようなことが書かれています。「目標を達成した自分自身を強くイメージしろ」とか、「夢が実現したものと思い込んで振る舞え」といったことです。しかし、**これは実は無理な話**なのです。

「目標を達成した自分を強くイメージしろ」と言われても、営業の成績を見ると目標を達成していない自分であり、トップセールスではなく、成績の悪い自分自身がいるのです。そのような状況で、「イメージしろ」と言われても、できるはずがないからです。

人は、自分自身に対しては正直です。自分自身には嘘はつけないのです。では、どうすればいいのかというと、「フリ」をするのです。要は、**「トップセールスを演じる」**のです。

トップセールスになっていないあなたが、まずしなければならないことは、「トップセールスを演じる」ことなのです。「トップセールスを演じろ」と言われると、そこに今の自分とのギャップはなくなります。当然です。演じろということは、嘘でかまわないということだからです。

「じゃあ、自信があるように演じるだけで、本当にいいのでしょうか？」「そんな嘘は、すぐに見抜かれるのではないか？」と思われるかもしれません。しかし、それは大丈夫です。

あなたも、よくテレビのドラマを見ることがあると思います。ドラマの中では、俳優が医者や教師など、さまざまな役を演じています。それを見ていて、あなたはどう思うでしょうか？役者は、実際の医者や教師ではありませんが、演じている姿を見て、本当にその職業の人のように思えてくることはないでしょうか？

トップセールスを必死に演じることで、お客様があなたを頼もしく感じるようになり、その頼もしさから仕事の依頼が来るようになり、その結果、実績がついてくるのです。トップセールスを演じ続けることで、**気づいたらあなたは、本当のトップセールスになっている**のです。

2章

現状維持バイアスを破壊して、「リアル・トップセールス」になる

1 なぜ、トップセールスになることを諦めるのか

先日、ある書籍を読んでいて、驚愕の事実に巡り合いました。

その書籍の内容は、営業マン1000人に対してアンケート調査を行ない、今の営業の実態を明らかにするという内容だったのですが、その中にこのようなアンケート調査がありました。

「あなたは、トップセールスになりたいと思いますか？」

このような質問を、営業マンに対して行なって集計したのです。そして、その集計結果が驚愕の事実だったのです。

何と、営業マンの約80％が「トップセールスになりたいか？」という質問に対して、「Ｎｏ」と答えているのです。つまり、**ほとんどの営業マンがトップセールスになりたいとは思っていない**のです。おそらく、トップセールスの活動的でパワフルな姿を見て、「自分にはとてもできない……」と、やる前から諦めている営業マンが多いのではないかと思われます。

活動的に、次から次へと仕事をこなし、顧客への訪問も誰よりも行ない、常にアクティブで忙しそうにしている姿を見て、「僕は、あんなにバリバリと仕事をしたくない、たいへんそうだし……」「トップにならなくても、そこそこの成績でいいよ……」と、諦めているのではないでしょうか。

しかし、トップセールスの活動的な姿を見て、たいへんそうと思われるかもしれませんが、実はトップセールス自身は、それほどたいへんだとは思っていません。

一度、社内のトップセールスに、話を聞いてみるといいかもしれません。「何で、そんなに活動的に動けるのですか？」「そんなに活動的に動き続けてばかりだと疲れないですか？」と確認していただきたいのです。

すると、おそらくこんな答えが返ってくるはずです。

「別に、がんばっているとか、必死にやっているとか、そんな感じではないんですけど」
「普通に仕事をやっているだけなんだけど」

これは、トップセールスが特別だから、このような発言をしているわけではないのです。人は、一度行動をスタートさせると、その後はそれほど苦もなく、行動することができるようになるのです。

これは、自転車を漕ぐのと同じで、最初のひと漕ぎは力を入れないと動かすことはできませんが、一度スピードに乗ってしまうと、その後はそれほど力を入れなくても楽に進むことができるのです。

あなたも、このような経験はないでしょうか？

時間がかかる仕事や面倒な仕事に着手することに、大きなストレスを感じてなかなかはじめることができない。しかし、実際に着手してみると、あとはスイスイ仕事が片づいていき、思ったほどたいへんではなかった、という経験です。

実は、**「一番たいへんなのは、はじめの第一歩を踏み出すとき」**なのです。

自分が、本当にトップセールスになれるのだろうか？　トップセールスになることを目標にしたら、たいへんなことになるのではないか？　何だかたいへんそうだし、疲れそうだ、などといった葛藤を乗り越えて、トップセールスになるための目標を設定して、まずは第一歩を踏み出してみてください。

人は、脳に「ドーパミン」が分泌された時に幸せを感じるのです。非常に夢のない、現実的な話かもしれませんが、トップセールスを目指したくない現実主義のあなたにとっては、興味深い話でしょう。

では、ドーパミンというのはどのようにすれば分泌されるのかというと、「目標を設定した時」と「目標を達成した時」に分泌されるのです。要は、**目標を立てる習慣を身につけることで、人は幸せになる**のです。また、ドーパミンはマンネリを嫌うという特徴も持っています。これまでとは変わらない環境の中では、ドーパミンは分泌されることはないのです。

ドーパミンは「変化」や「工夫」を好むため、新しい環境や場所、新しい方法や手段などの刺激によって分泌されるのです。

これまでと変わらない自分自身に決別して、トップセールスになるための目標を設定して、第一歩を踏み出してください。それは、あなたが思うほどたいへんなことではないし、逆に今まで以上に幸せを感じることができるはずです。

2 諦める感情をいかに破壊するか

今、本書を手に取ってここまで読み進めているあなたは、おそらく「今の自分を変えたい」と考えている、非常に意識の高い方だと思います。営業という職種に携わる人は、あまり本を読まないという話を聞く中で、本書を手に取って前向きに勉強しようとしていることは、周りの営業に比べて、大きなアドバンテージとなるでしょう。

しかし、自分を変えるために、意識高くいろいろなことを勉強して実践しても、なぜか続かないということはよくあります。たとえば、年始に「今年こそは、スキルアップのために資格を取るぞ！」と一念発起しても、いざ勉強をはじめると、3日間ぐらいは続くのですが、その後はいつもの仕事の忙しさに忙殺され、結局新しくはじめた勉強が続かないのです。

いろいろな営業研修に参加したり、書籍を購入してすばらしい考え方や手法に出会って実践してみるものの、結局はいつもの自分のやり方に戻ってしまった経験もあるのではないでしょうか。新しいことをしはじめても、継続できない、挫折してしまうということは、誰もが経験することです。

なぜ、このような現象が起きてしまうのか、そしてその対処方法についてお話ししたいと思います。人は、何か新しいことをはじめようとすると、必ず2つの壁にぶち当たります。その2つとは、**「例外」と「不安」という壁**です。

たとえば、あなたが最近ちょっと太り気味で、このままではまずいと感じたとします。そこで、ダイエットを試みて、毎朝7時に起きていたのを朝6時に起きてランニングをしはじめます。しかし、このように新しいことをはじめると、必ず例外と不安という壁が邪魔をすることになるのです。

ダイエットにおける例外とは、朝起きてランニングをしようと思った時、外を眺めると「雨が降っている」などがそうです。そして、「今日は雨か、じゃあ仕方がないか」と諦めて、その後、何かにつけて理由を探して、新しくはじめたことをやめようとするのです。「昨日はちょっと飲みすぎた、二日酔いだから今日はやめておこう」などと、例外の理由を作り出し、続けることをやめてしまうのです。

また、不安という壁もあなたの邪魔をします。たとえば、毎朝6時に起きるのはきついものの、ひとまずランニングをはじめてみました。3日ぐらいランニングを続けたところで体重計に乗ってみると、まったく成果が上がっていないのです。

「100gも減っていない……」

この事実に不安がよぎります。

「ランニングという方法は、あまり効果がないのではないか」

「他の方法に切り替えたほうが、体重が減るのではないか」

そして、せっかくはじめた新しい行動をやめようとするのです。営業活動でも同じです。たとえば、これまで既存顧客へのルート営業しかしてこなかった営業マンが、会社の命令で新規開拓をしなければならなくなった時も同じ現象が起こります。

「今日は、丸1日新規開拓営業をするぞ！」と意気込んだとしても、例外という壁がやってくるのです。

「おい、今日中にこの資料を作っておいてくれ」と上司から指示が入ったり、顧客からのクレームの電話が入って、結局新規開拓に行けなくなってしまうのです。そして、ダイエットと同じように新規開拓においても、不安という壁が立ちはだかります。

営業「こんにちは。○○株式会社の水田と申しますが、○○商品のご提案をさせていただいているものです。今日は、近くを通りましたのでお伺いさせていただきました」

客「結構です」

営業「そうですか……（……新規開拓しても、まったく成果が上がらないじゃないか。既存顧客を回っていたほうが、成果が上がるんじゃないか……）」

という、成果が上がらない不安という壁に邪魔され、新たにはじめた新規開拓をやめようとするのです。しかし、実は新しいことが続かない理由は、例外が起こるからでもなく、不安がよぎるからでもなく、本当の理由は別にあります。

新規開拓をはじめて、上司やクレームに邪魔されるから新規開拓をやらなくなるのではないのです。成果が上がらないから、新規開拓をやめようとするのではないのです。

新たにはじめようとしたことをやめさせてしまう本当の理由とは、**「現状維持バイアス」と言われるもののせい**なのです。現状維持バイアスとは、**「人は、現状は現状のまま維持したいという欲求」**です。なぜ、現状のまま維持したいと思うのかというと、それが一番安心できるからです。

1章でも、「脳は、わからない状態を嫌う」というお話をしました（空白の原則）。脳は、わからない状態を不安に感じ、安心するためにわかる状態に引き戻そうとします。わかる状態というのは、これまで通りの生活や環境です。

旅行に行くと楽しいのですが、なぜか疲れることがあります。そして、家に帰ってくるとほっとするのは、まさにこの現状維持バイアスのせいです。人は、これまで通り、何も変わらないことが最も安心できるのです。だから、せっかくトップセールスになろうと心に決め、行動を変えようとしても、数日もすると元の自分に戻ってしまうのです。

では、現状に戻されないようにするにはどうすればいいのでしょうか？

新たにはじめたことが、脳にいつも通りの「現状」であると認識させればいいのです。要は、習慣化してしまえば、新たにはじめた行動も、脳は「現状」だと認識するのです。習慣は、

「インパクト」×「回数」によって作り上げられていきます。強いインパクトを与えるか、回数を重ねていくことによって、習慣はできあがっていくのです。

強いインパクトとは、たとえば「借金を背負ってしまったので稼がなければならない」とか、「業績を上げなければ支店が閉鎖される」などの強い動機づけが発生すれば、現状維持バイアスを解除できるかもしれません。しかし、なかなかこのような出来事は起こらないし、そのようなことを期待するのもどうかと思います。

であれば、弱いインパクトでもかまわないので、回数を重ねて現状維持バイアスを破壊していくのです。トップセールスになると心に決めたのであれば、研修などで学んだ方法論をひとつでもいいので試してみる。そして、成果が出なくても、無意識にできるようになるまで続けるのです。

どんなに小さな行動でもいいので、「すぐにやる」「毎日やる」を実践していってください。新しい行動が習慣化されて、それが現状だと脳に認識させることができれば、今度はその行動習慣をやめることが難しくなります。

なぜなら、あなたがはじめたトップセールスになるための行動は、脳に現状であると認識されることで、**強い現状維持バイアスが働くから**です。

3 まずは、成功の習慣を身につけよう

もし、あなたが「これまで、何をやってもうまくいかない」「うまくいった試しがない」という方なら、ぜひ一度この方法を試してください。それは、成功の習慣を身につけるという方法です。

今、何をやってもうまくいかないのなら、あなたには〝負け癖〟がついている可能性があります。負け癖がついているというのは非常に厄介で、「俺は、何をやってもダメだ」というセルフイメージが定着化し、そのセルフイメージが脳にネガティブな焦点化を引き起こしてしまいます。ネガティブな焦点化が起こると、うまくいっていない事象にばかり気を取られるようになります。

「今日も、契約が取れなかった……」「今日も、商談が進展しなかった……」

そして、このような思考が恒常化してくると、できない理由を探し出す習慣が身についてしまいます。

「俺には営業のセンスがないから、普通の人にできても俺にはできない」

そして、できない理由を探し出す習慣が「何をやってもダメだ」という結果までも引き寄せてしまうのです。

この負け癖を払拭する方法は、ひとつしかありません。それは、**「成功体験を積み上げる」**ことです。

成功体験を積み上げることができれば、セルフイメージを変えることができます。セルフイメージを変えることができれば、ポジティブな思考が習慣化し、よい結果を引き寄せることができるようになるのです。

セルフイメージというのはきわめて重要で、多くの結果が、このセルフイメージによって左右されていると言っても過言ではありません。

トップセールスは、「自分は営業ができる」というセルフイメージを持っています。また、「営業ができる」というイメージを持っている人は、「営業ができない自分」は絶対に許せないでしょう。

その結果、「営業ができる自分」であり続けようとするのです。そして、それと同時に「営業ができる自分」自身を否定する結果に対して、必死に抵抗しようとします。成績が低迷していると、「これは本来の自分ではない」と否定したくなるのです。

人は、できると思っていることに関しては、「できる自分」であろうとするし、できることを否定する結果には、最大限に抵抗しようとするものです。なぜなら、セルフイメージと現在の自分自身が一致していることが、最も居心地がいいからです。そして、その居心地のよさを維持するために、最大限に能力を発揮するのです。

そのため、〝やればできる〟セルフイメージを持つことは重要だし、そのイメージを身につけるために成功体験を積み上げるのです。

では、その成功体験をどのようにして積み上げるのか？　それは、〝やればできる〟というセルフイメージを持つために**「できることをやる」**のです。まずは、**小さな成功体験を積み上げていく**ことが重要なのです。「できることをやる」習慣を身につけていくと、潜在意識の中で「やることはできること」だと認識されるようになります。

資格勉強などで、いきなり1日100問解くことを目標にしてはじめるのではなく、まずは1日10問程度でもいいので、問題を解くという目標を設定をしてみるのです。そして1日10問でも難しいのであれば、1日3問解くことを目標として設定します。

このように、できることをやる習慣を身につけると、潜在意識が「やることはできること」だと認識し、「やればできる」に焦点が当たれば、何か困難に直面したとしても、「どうすればできるか？」を、自然に考えるようになっていくのです。

ただし、目標設定においてひとつだけ注意していただきたいことがあります。それは、何の努力もなしにできることを設定しても意味がない、ということです。なぜなら、何の努力もなしに達成できるのであれば、それは「成功体験」にはならないからです。適度な難易度を設定して達成することで、初めて成功体験が積み上がっていくのです。

そして、最初に設定した目標をクリアできた後は、徐々に難易度を上げていくと、その行為にハマりやすくなっていきます。

成功体験を積み上げるためには、まずは、ほんのわずかな努力でできるレベルの難易度を設定して達成する。そして、徐々に難易度を上げ続けていくことが、最もよい方法です。そして、成功体験が積み上がれば、「やればできるセルフイメージ」を手に入れることができ、達成できない居心地の悪さを回避するために、最大限の能力を発揮するようになるのです。

4 成功の習慣を身につける目標設定

それでは、成功体験を積み上げるための、具体的な目標設定のやり方についてご説明しましょう。小さな成功体験を積み上げるために重要なことは、「できることをやる」ということでした。

「できることをやる」というのは、要は確実に成功体験を積み上げていくために、自分が能動的に動くことで、**間違いなく達成できる指標を設定する**ことです。

営業活動の目標設定というと、多くの方が受注金額を設定するかもしれません。しかし、受注というのはわかりやすい指標ではあるものの、いくらがんばっても成功体験が得られない可能性があり、成功体験を積み上げるうえでの目標には適していません。では、どのように目標設定をすればいいのでしょうか。

目標設定しやすいのはアポと訪問

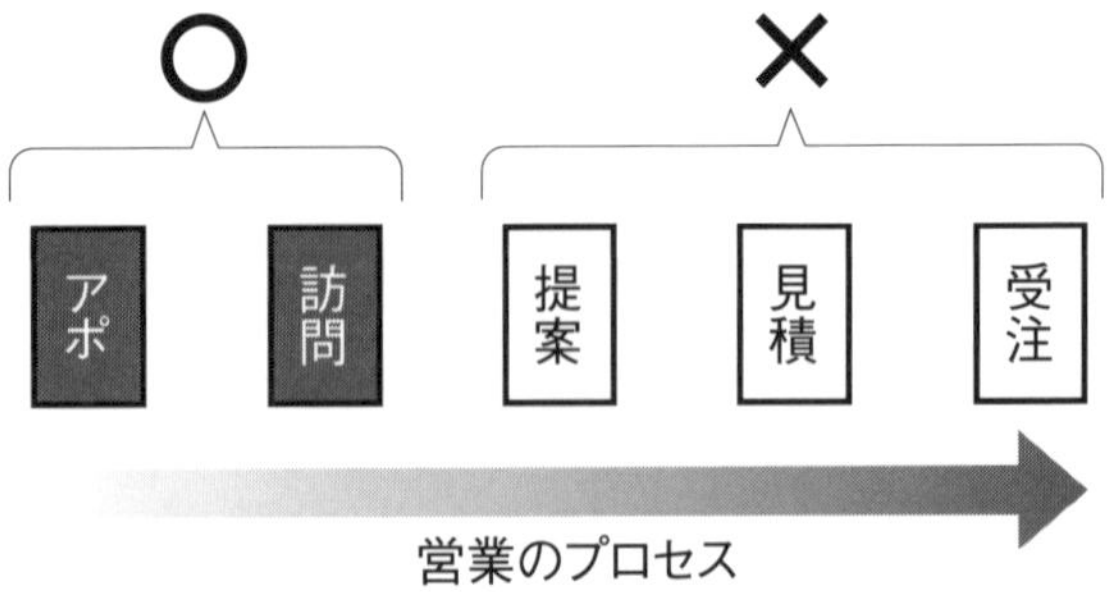

その目標設定を考えるうえで、まずは営業活動においてどのようなプロセスがあるのかを整理しておきましょう。

まず、一般的な受注までの営業活動として、「アポ（架電）」→「訪問」→「提案」→「見積提示」→「受注」というプロセスがあります。このプロセスの中で、自分が能動的に動くことで、**「間違いなく」**達成できる指標を決め、定量的な目標を設定するのです。

では、このプロセスの中で、自分が能動的に動くことで「間違いなく」達成できる指標はどれでしょうか。それは、アポ（架電）と訪問の件数です。

提案以降のプロセスは、成功体験を積み上げるうえでの指標としては適していません。

それは、先ほどの受注と同じく、いくらがんばっても成功体験が得られない可能性があるからです。提案を行なうにも、顧客が興味を示し、その了承を得ることができなければ、実施することはできません。また、見積提示も顧客が承諾してくれなければできないことです。

自分自身がコントロールできない部分で、結果が左右される指標を設定してしまうと、成功体験を確実に積み上げることができません。

また、このような自分自身でコントロールができないところに指標を置くことで、別の弊害も出てきます。それは、「能力のせいにしてしまう」という弊害です。提案や見積提示などは、顧客の意思があって、はじめて実施できるものです。

これが思うように件数が獲得できないと、「俺には営業のセンスがない」「私はもともとダメな人間なんだ」という考えが頭の中をよぎり、そこから改善を図ろうとしなくなるのです。

しかし、「アポ（架電）」や「訪問」の件数を目標として設定すると、能力の有無は関係がなくなります。要は、**「できない理由のない目標」**になるのです。

お客様に面談して、うまくいっても1件、うまくいかなくても1件と、確実に数字は積み上がっていくため、自分自身ががんばりさえすれば、必ず達成できます。万一達成できなかったとしても、できない理由のない目標であるため、「営業センスがない」などといった言い訳はできません。だからこそ、改善を図る努力をすることになります。「なぜ、できなかったのだろう？　翌月は時間管理を徹底して確実に達成するようにしよう」という具体的な考えが浮かんでくるようになるのです。

そして、このような**行動にフォーカスして、自分自身をマネジメントしていく**ことは、業績を上げるうえでも有効です。その理由をご説明します。

負の循環サイクル

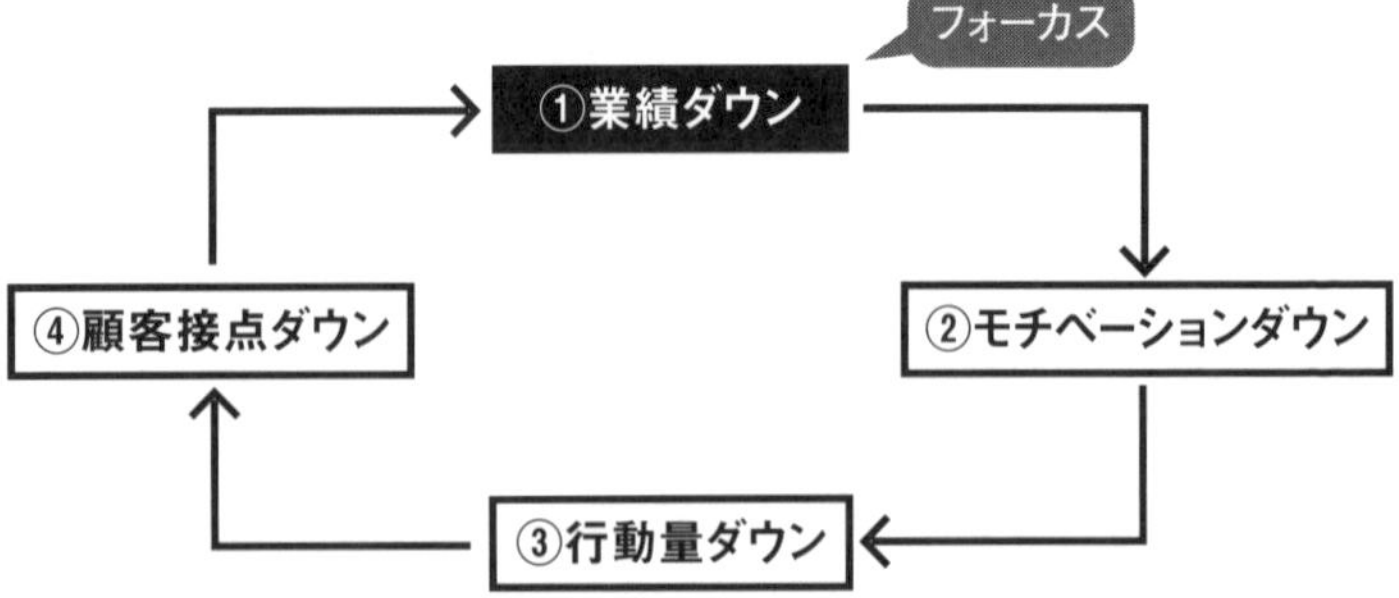

まず、行動ではなく業績ばかりにフォーカスして自分自身をマネジメントすると、図のような〝負の循環サイクル〟に陥ってしまうことになります。

業績や結果というのは、想定外のことが起こり得るため、案件が失注になったり、翌月にずれ込むことなどは、営業をやっていると日常茶飯事です。当然、そのような想定外のことが起こった時は、業績や結果は一時的に下がることもあります。

そこで業績や結果ばかりにフォーカスしていると、その一時的に業績や結果が下がった場合にモチベーションが下がることになります。モチベーションが落ちていくと、今度は行動量が減少していきます。そして、行動量が落ちると当然、顧客接点が落ちていくことになります。

そして、顧客接点が少なくなれば、案件のネタも減少して業績も落ちていき、業績が落ちることで、さらにモチベーションが下がっていくという負の循環サイクルに陥ってしまうのです。

正の循環サイクル

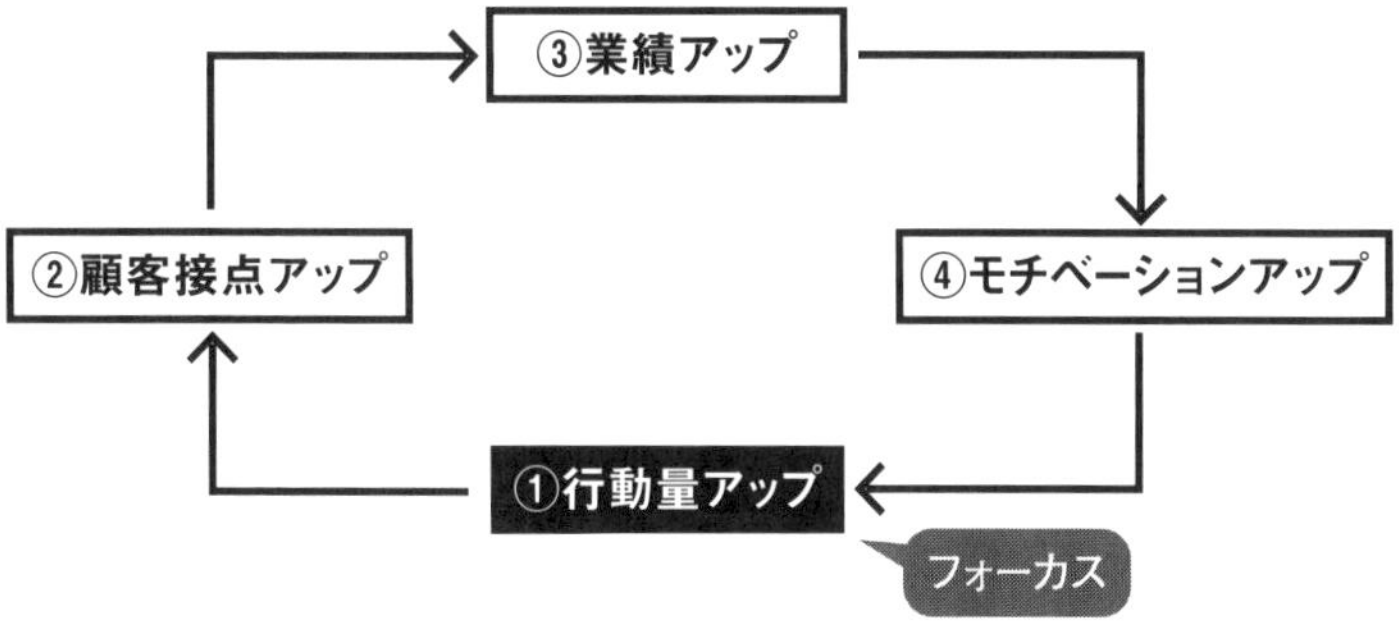

しかし、行動量にフォーカスして自分自身をマネジメントしていくと、行動量は上がっていくことになります。

行動量が上がってくると当然、顧客接点の量も安定してくるようになります。顧客接点の量が安定してくると、案件のネタも増加し、業績が上がっていくようになります。業績や結果がついてくるとモチベーションも上がっていき、そしてモチベーションが上がることで、さらに行動量も上がっていくという好循環サイクルになっていくのです。

これが、アポ（架電）や訪問のような行動に指標を置いてマネジメントしていくことのメリットです。このように、あなたが成功体験を積み上げるうえでも、業績を上げていくうえでもアポ（架電）や訪問などの行動量をマネジメントして営業活動をしていくことが有効なのです。

3章

「大量行動」が生み出す効果

1 あなたを売れない状態にさせている一番の要因

この章では、〝リアル・トップセールス〟になるための重要な要素である、「大量行動」についてお話ししていきたいと思います。

「大量行動」とは、その名の通り、「大量」に「行動する」ことです。要は、「顧客との接触を大量に行なう」ということです。顧客との接触を大量に行なうことで業績が上がり、リアル・トップセールスに変貌することが可能になるのです。

しかし、なかにはこのようなことを言う人もいるでしょう。

「お客様に会いさえすれば、売上げが上がるのか？」と。

たしかに、お客様に会うだけでは、成果が上がらないケースもあるでしょう。そこに、プラスアルファの工夫がなければ、成果に結びつかないこともあります。しかし、私が言いたいことは、顧客との接点量は、営業で業績を上げるうえで、**ベースとして必要不可欠**ということなのです。

この章では、なぜ大量行動が必要不可欠なのかということと、大量行動を実践するためのテクニックについてお伝えします。

「あなたを売れない状態にさせている一番の要因は何か？」

まず、このようなテーマから、大量行動の必要性を説明していきます。

営業コンサルタントとして、さまざまな企業に営業指導をしていると、業績が低迷している営業マンには**「ある共通項」**があることがわかります。これまで新規開拓をしてこなかった企業に対して、顧客数拡大のための、テレアポによる新規開拓を指導していた時のことです。

この時、電話帳から業種とエリアを絞って営業先をリストアップし、トークスクリプト（台本）も事前に作成して、テレアポ営業をスタートさせました。そうすると、テレアポ営業を開始して10分たっても、まだ1本も電話をしていない営業がいるのが目に入りました。

様子をのぞいてみると、リストをプリントアウトしたり、プリントアウトしたリストを眺めたり、電話をかける先のＨＰを検索し、隅々まで内容を確認している様子でしたが、いっこうに電話をかけようとしません。

そして、ようやく受話器を手に取り、番号を押してみるものの、番号を押している途中で受話器を下ろし、また電話番号を確認しているのです。やっと1本の電話をかけても、あせってしまって会話にならず、自分から電話を切っている始末です。さらに、2本目の電話をかけるのに5分、10分と時間をかけて、リストの企業を調べているのです。

なぜ、このように営業をかけることに躊躇してしまうのでしょうか？　飛び込み営業でも、同じようなことが起こります。新規開拓でリストアップした訪問先に来てはみるものの、なかなかチャイムが押せないのです。

「午前中は忙しいだろうなあ。午後に出直そう」「午後は外出しているかなあ。明日もう一度来てみよう」と、なぜかチャイムを押さない理由を探してしまうのです。

そして、思い切ってチャイムを押してみても、「頼む〜、出ないでくれ〜」と、なぜか心の中で願っています。また、具体的な商談になっても、予算や購入時期を確認して、お客様が言葉を濁すと、「あっ、そうですよね。ひとまず弊社が見積書を作成してきます」と、なぜかそれ以上はヒアリングしなくなってしまうのです。

あげくのはてには、「お客様に予算や購入時期を確認することは失礼なことだ」と、できない自分を正当化しようとするのです。なぜ、このように営業をかけることに躊躇してしまうのでしょうか?

実は、営業に対するある心理が、あなたを〝売れない営業マン〟にさせているのです。その心理とは、いったい何でしょうか? そうです。それは「恐怖」です。**あなたを売れない状態にさせている一番の要因は「恐怖」**なのです。

営業という職種は、能動的にお客様にアプローチして、商品やサービスを知っていただいて購入していただく仕事です。しかし、なかには商品・サービスを必要とせず、お断りするお客様もいます。と言うか、ほとんどのケースがお断りだと思われます。

そのような断り文句を何度も聞いているうちに、営業されることが否定されているにもかかわらず、なぜか自分の存在自体が否定されたような気になってしまうのです。そして、自分の存在を否定されたくないという思いから、断られたくないという恐怖心が生まれてくるのです。

また、恐怖は「あせり」を生みます。営業は、あせるとたんに売れなくなります。「ちょっと、資料を見せてくれ」と言われて、あせってカバンの中を探している営業マンを見て、お客様はどう思うでしょうか？　正直、「頼りない」と思うはずです。

「この商品のことをくわしく教えてくれ」と言われて、あせって何を言っているのかわからない営業マンがいたら、あなたはどう思われるでしょうか？　どこか、別の営業マンに相談しようとは思わないでしょうか。

営業は、あせると売れなくなるのです。しかし、営業に恐怖を感じるほど、この「あせり」が出てしまうものです。

あせりが出ないようにするためには、恐怖と対峙していかなければなりませんが、実は恐怖をなくすことはできないのです。

「なくすことができなければ、解決できないではないか」と思われるかもしれませんが、恐怖心を完全になくすことはできません。しかし、**恐怖を克服することはできます**。

トップセールスを見ていると、何か楽しそうに営業しているように見えます。傍から見ていると、恐怖など微塵も感じていないように見えます。

ところが、**トップセールスも恐怖は感じている**のです。ただ、その恐怖心を克服する方法を知っているだけなのです。そして、その恐怖を克服する方法として、「大量行動」が大きな力を発揮するのです。

2 恐怖への対処方法は習慣化すること

では、なぜ大量行動が恐怖の克服に大きな力を発揮するのかをご説明します。その前に、次の質問に答えてみてください。

「会社から自宅に帰宅する帰路と、会社からまったく見ず知らずの訪問先に向かうのとでは、どちらが疲れるでしょうか?」

この2つのシーンを、よく考えてみてください。いったい、どちらが疲れるでしょうか?

そうです。ほとんどの方が、後者のほうが疲れると感じたはずです。それは、会社から自宅に向かう帰路は、ほとんど意識を働かせなくても帰ることができるからです。

おそらく、ヘッドホンステレオで音楽を楽しみながらでも帰れるし、明日のスケジュールチェックや仕事のことを考えながらでも家に帰ることができるはずです。また、お酒を飲んで酔っ払っていても帰ることはできるでしょう。

一方、まったく見ず知らずの訪問先に向かうときはどうでしょうか?

「○△駅から●●線に乗って、■▲駅で乗り換えて○□線で□▲駅に着き、3番の出口を出て直進し、3つ目の曲がり角を右に曲がり……」というように、目的地に着くまでにあらゆるところで、意識を働かせなくてはなりません。

行き慣れていない場所に行くほうが、意識を働かせなければならないため、ストレスがかかるのです。

自宅に帰るといった、これまでに何度も繰り返し行なっている行動は、もう習慣化されています。習慣化されていることは無意識にでもできるため、疲れや緊張がかからなくなっています。歯磨きなども同じです。どんなに疲れて帰って来ようが、寝る前に必ず歯を磨くはずです。今日は疲れたから、歯磨きは明日にしようとはあまり考えないでしょう。

要は、習慣化されている行動については、疲れを感じることはないし緊張も感じません。そして、失敗することもありません。つまり、この「習慣化させる」ということが、営業における恐怖心を克服するためのひとつの方法なのです。

習慣は、「インパクト」×「回数」でできあがることをお伝えしましたが、まさに回数を重ねることによって営業活動が習慣化され、営業に対する「ストレス」＝「恐怖心」が克服することができるようになるのです。

恐怖心を克服するために重ねる「回数」とは、お客さんとの接点の数、いわゆる顧客接点数です。顧客接点の数を大量に増やして**営業活動を習慣化することによって、営業に対する恐怖心が克服できるようになる**のです。

以前、私がノンバンクという業界で営業をしていた時の営業手法はテレアポでした。この会社では、1日200本という架電ノルマがあり、それをきちんとこなしているかどうかを、架電管理システムで管理していました。誰が、何本電話をかけているのかが、リアルタイムで計測されるシステムです。そこまで管理されると、架電件数のごまかしようがありません。そのため、営業マンは1日200本の架電ノルマをこなさざるを得なかったのです。

そして、その件数をこなさなければ、部長から怒鳴りつけられる環境でした。しかし、そのようなノルマや環境があったおかげで、毎日200本の電話をこなし、いつの間にか、すべての営業マンがテレアポすることに恐怖心を感じなくなっていったのです。

そうです。すべての営業マンがテレアポを「習慣化」させていたのです。習慣化してしまうと、電話をかけることにそれほどストレスを感じなくなります。まるで、釣りをしているような感覚でテレアポができるようになるのです。

常に、同じ営業トークを何度も繰り返し、同じような断り文句が返ってくる。しかし、ある時、それまでとは違った反応が返ってくることがあります。その瞬間が、まさに釣りのような感覚なのです。ずっと静かに釣り糸を垂らしていたら、急に魚が餌に食いついた、というような感覚です。

テレアポ営業をしたことがない方には、少しわかりづらい感覚かもしれません。要は、習慣化してしまうと、それぐらいの平常心でテレアポ営業ができるようになるということです。

そして、習慣化させることができると、営業トークも滑らかに話すことができるようになります。

前職の勤務先はかなり激務で、朝8時に出社して深夜の1時まで働いていました。しかし、入社1年目で体力もあったため、深夜1時に仕事を終えて、その後に飲みに行くこともしばしばでした。飲みに行くと当然、家に帰るのは深夜3時、4時となります。そして、わずかな睡眠を取って、また朝8時に出社をしていました。

こんな日は、テレアポをしていても、眠くて集中することができません。電話のコール音が子守唄のように聞こえて、何度も睡魔に襲われながら営業をしていました。

ある時、本当に寝てしまっていることがありましたが、それでも相手が電話口に出ると、ハッと気づいて営業をしはじめるのです。普通なら、そのような状態ではまともに話ができるはずがありませんが、習慣とは恐ろしいもので、そのような状態でもいつもと同じように、営業トークを使って話をしていたのです。

習慣化させることで、どんなに疲れていても、どのような状況においても、**営業の品質を担保することができるようになる**のです。習慣化によって、営業において大きな力を発揮することができるようになります。この力を利用するためにも、「大量行動」という方法が必要不可欠なのです。

3 信頼関係の構築なくしてセールスなし

あなたは、初対面の営業マンから商品やサービスをいきなり買うでしょうか？

おそらく、ほとんどの方が「Ｎｏ」と答えるのではないでしょうか。

紹介された商品が、どんなによさそうな商品だと思っても、多くの方がとりあえずは断るという選択肢を選びます。なぜなら、その商品やサービス、そしてそれを提供している会社や営業マンが、信用できるかどうかわからないからです。

世の中には、「営業マン」＝「信用できない」という見方があることは事実です。

多くの営業マンは、まともな商品やサービスを提供しているのですが、ごく一部に価値のない商品やサービスを、うまく騙して売っている業者がいるため、このようなイメージがあるのでしょう。そんなイメージが定着している世の中で、いきなり初対面の営業マンから勧められた商品を購入するという選択をする人は少ないはずです。

それでは、ここであなたにもうひとつ質問をします。

初対面のお客様が、いきなり興味・関心を示した場合、あなたはどう思うでしょうか？

たとえば、あなたが保険の営業マンだったとします。見知らぬ会社に入っていき、こんなやり取りがあったとしたら、はたしてあなたはどう思うでしょうか？

営業「こんにちは。生命保険のご提案をさせていただいている会社ですが、ご担当者の方はいらっしゃいますでしょうか」
男「え？　兄ちゃん、何売ってるの？」
営業「生命保険のご提案で回らせていただいているのですが……」
男「えっ⁉　生命保険！　いやー、興味あるわ～。聞かせて聞かせて」

いかがでしょうか？　正直、少し怖くないでしょうか？

保険に興味を示しているこの担当者は、何か別の意図から生命保険に入りたいと思っているのではないか、と疑うのではないでしょうか。要は、初対面の信頼関係が構築できていない状態でセールスが成立するということは不自然なのです。

セールスにおいて、まずは**信頼関係の構築が必要不可欠**ということは、このことからもご理解いただけるのではないでしょうか。しかし、ここ最近では、信頼関係だけではモノは売れなくなってきているため、提案営業やソリューション営業、コンサルティング営業などの重要性がもてはやされています。

ここで勘違いしていただきたくないことは、提案営業もソリューション営業もコンサルティング営業も、**信頼関係という土台があって、初めて活きるスキル**なのです。それをはき違えて、このようなテクニックを身につけて使いこなせるようになると、すぐに売れるようになると思っているなら、それは大きな間違いです。

アメリカにセールスパーソンとしてもコンサルタントとしても有名であり、また「営業の神様」とも言われている、ブライアン・トレーシーという人物がいます。

彼は、もともと恵まれた環境にいたわけではなく、高校を中退し、土木作業員から完全歩合制のセールスマンに転身し、「金なし、コネなし、学歴なし」で、年収を5年間で10倍にした、叩き上げの人物です。

このブライアン・トレーシーは、自分自身の実績や5万人の営業マンへのインタビュー、さらに数万人の顧客へのインタビューをもとに、ビジネスマン向けの学習プログラムを開発しました。そして、こうして開発された300以上あるオーディオ&ビデオトレーニングプログラムは、30ヶ国以上で使用されているという、権威のある人物です。

このブライアン・トレーシーは、**「営業活動の半分は信頼関係の構築に費されるべき」**と言っているのです。そしてニーズの把握、プレゼンテーション、クロージングなどよりも、**「信頼関係の構築」をより重視しているの**です。

同じ提案であっても、誰の提案かによって、受け入れるかどうかに大きな差が出ることがあります。いきなり、飛び込みで現われた初対面の営業マンから聞く商品提案と、本当に信頼している友人から紹介された商品提案では、話を聞く姿勢から違ってくるはずです。

まったく同じ商品を提案したとしても、信頼関係が築かれている友人のほうが、提案が受け入れられる可能性は圧倒的に高いはずです。同じ提案であっても、このような差が生まれる理由は、信頼関係の差であることは言うまでもありません。

営業において、この信頼関係の構築は軽んじてはならない重要な要素だということ、そしてそれは、あなたが思う以上に強い影響力を持っていることを再度、認識すべきなのです。

4 なぜ、詐欺師は高額な商品を売ってしまうのか

一時期、減少傾向にあった「オレオレ詐欺」や「振り込め詐欺」が、ここ最近また増加傾向にあるようです。平成23年の被害件数は4656件で、被害総額は90億5600万円と、前年22年に比べて被害件数では5・4％の増加、そして被害総額は49％の増加という数字になっています。

ここまで有名になった詐欺の手口に、なぜ、未だに騙されてしまうのでしょうか？　詐欺にあった多くの方が、「僕（私）は、絶対に引っかからない」と思っていた人ばかりだと言います。なぜ、そのような人たちが、詐欺に引っかかってしまうのでしょうか。

それは、詐欺師が巧妙な手口を使うからに他ならないのですが、実は私たちが大きく勘違いしていることも大きく影響しているのです。その勘違いとは、詐欺師は人を騙すのがうまいわけではなく、**信頼させるのがうまい**ということです。

オレオレ詐欺や振り込め詐欺で、よくある詐欺の手口は、子供が交通事故を起こしてしまっ

て、その事故の連絡が警察官から入るというシチュエーションです。

電話がかかってきて電話口に出ると、やけにうるさい音が聞こえます。これはまさに、交通事故の現場を演出するために、このような音が電話口に入るようにしているのですが、この他にも相手を信頼させるためにさまざまな方法を取っています。

たとえば、会話の途中で無線の音が鳴り、どこかと連絡を取り合っているような音が遠くのほうから聞こえるなどして、さらに臨場感を演出しています。また、警察官という権威のある人物を活用することも、信頼性を高める要因になっています。

電話が非通知でかかってくると、本来は不信感を抱くものですが、相手が警察官だと、その不信感がなくなるのです。「警察の電話なので、代表の番号以外は公開されないのだろう」とか「いたずら電話対策のためにも、電話番号は非通知でかけるようになっているのだろう」などと想像し、それほど不信感を感じなくなってしまうのです。

そして、〝事故〟というシチュエーションも非常に巧妙です。事故というシチュエーションは、誰もが頻繁に体験するものではありません。そのため、「子供が事故を起こした」という話になると気が動転してしまうのです。もし、事故が起きている事実に、冷静に対応できる人がいるとすれば、交通事故の対応に慣れた損害保険会社の方ぐらいではないでしょうか。

このように、気が動転してどうしたらいいのかがわからなくなっている状態で、唯一頼れる人物は、電話口に出ている警察官だけということになります。当然、警察官なら間違いのない解決策を教えてくれるという思考が働きます。唯一頼れる人物を演出して絶大な信頼を獲得することができれば、あとは警察官役が少々おかしな提案をしたとしても、その言葉をまったく疑わなくなってしまうのです。

ここで何が言いたいのかというと、別に詐欺師になれと言いたいわけではありません。**「信頼関係の構築が、相手の言葉を受け入れる、受け入れないに大きく影響している」**ということをお伝えしたいのです。

営業スキルを上げようとすると、どうしても提案スキルやクロージングスキルを思いつく方が多いと思います。提案のスキルであれば、提案書の内容がMECE（ミッシー：モレなく、ダブりなく）になっているか、全体の流れ・ストーリーを考えて組み立てられているかなどを学び、相手が理解しやすいプレゼンができるようにしていきます。

クロージングのスキルであれば、二者択一法（断る選択肢をなくした聞き方をする方法。たとえば服屋で、店員がスーツを2着試着させて、「紺のスーツにしますか？　黒のスーツにしますか？」といった具合に、買わないという選択肢をなくして、必ず購入するように誘導するクロージング方法）だったり、ラストチャンス法（「今買わないと、明日には値上がりします」とか「明日になると、在庫がなくなって購入できなくなるかもしれません」などと話し、決断を引き伸ばそうとするお客様に決断を促す方法）などのクロージング技術があります。

このような、信頼関係を構築した後のスキルに磨きをかける方は多いのですが、意外に信頼関係を構築する点を重視している営業マンは少ないようです。しかし、先ほどの詐欺師の話からもわかるように、絶大な信頼関係が構築できれば、その後の提案に高度なスキルを用いなくても、提案がスムーズに受け入れられる可能性は高いのです。

逆説的に言えば、いくら提案のスキルやクロージングのスキルを磨いて、すばらしいプレゼンテーションやクロージングをしたとしても、**信頼関係が構築できていない状態では、相手があなたの言葉を受け入れる可能性は、きわめて低い**のです。

「そんなことはない。提案のスキルを高めることで成約率は上がる」という方がいるかもしれません。しかし、私が言いたいことは、どちらをやるべきかではなく、信頼関係という土台を作ることの重要性を、再度思い返していただきたいということなのです。

5 信頼関係を作る最も簡単な方法

信頼関係が、営業において強力な武器になることであり、成約するためには不可欠であることは、おわかりいただけたことと思います。それではここで、最も簡単な信頼関係の構築方法についてお話ししたいと思います。あなたは、このような経験はないでしょうか？

通勤電車で、あなたは毎日、同じ時間、同じ車両に乗っていたとします。そして、あなたと同じように毎日、同じ時間、同じ車両に乗っている人を目にしたとします。とくに知り合いというわけではありませんが、同じ時間の同じ車両に乗ってくるため、休日以外は毎日その人の姿を目にします。

お互いに会話を交わすわけではなく、ただ単純に目にするだけの間柄です。そのような関係が半年、1年と続いたある日、突然、その人の姿を目にしなくなるのです。そうすると、あなたはこのように考えるはずです。

「最近、あの人を見かけないなあ。いったいどうしたんだろう。転勤にでもなったのかなあ、何か病気にでもなったのかなあ」と。友だちでもないのに、同じ時間、同じ車両に乗って毎日顔を合わせていただけの人が気になりはじめるのです。なぜ、このような感情が起こるのでしょうか?

他にも、似たような現象があります。たとえば、あなたの家のすぐ近くにゴルフ用品店ができたとします。あなたは、ゴルフにはまったく興味も関心もありませんでした。しかし、あなたの家のすぐ近所にできたため、通勤や外出時に、必ずそのゴルフ用品店を目にすることになります。

こうして、何度も何度もその店を目にしているうちに、しだいにそのゴルフ用品店が気になりはじめて、ある時思わず、ふらっと店内に入ってしまうのです。そして、これまでまったく興味がなかったドライバーやアイアンを眺めて、「へー、重いと思っていたのに、こんなに軽かったのか」とか「全セットを揃えると、どれぐらいの金額になるのだろう」と思いはじめるのです。

なぜ、このような感情が沸き起こってくるのでしょうか？　どちらも、これまでまったく興味・関心がなかったことなのに、なぜ、急に興味や関心を持つようになってしまったのでしょうか？

これは、**「単純接触効果」**という心理現象です。

単純接触効果とは、繰り返し相手に接することで、好意度や印象が高まるという効果です。つまり、人は会えば会うほど相手に対して好意を抱き、物は使えば使うほど愛着が湧き、音楽は聴けば聴くほど好きになる、という心理作用が働くのです。これは、アメリカの心理学者であるロバート・ザイアンスが提唱したもので、「ザイアンス効果」とも呼ばれているものです。

他にも、信頼関係を構築する方法はいろいろありますが、最も簡単で、誰でもすぐに実践できる方法が、この単純接触効果です。お客様との信頼関係を構築するために、お客様との接点を絶え間なく持ち続けていくのです。

私は、この単純接触効果が非常に絶大な力を持っていることを何度も経験しました。

かつて、ノンバンク業界でテレアポ営業を行なっていましたが、やはりノンバンクという業界は「金貸し」というイメージがあるため、どうしても世間的には〝社会悪〟という印象を拭うことができません。いくら電話をかけても、〝社会悪〟という印象とテレアポという営業スタイルが相乗効果を発揮して、完全に印象が悪い状態から営業がスタートすることになります。

しかし、営業は予算を達成することが絶対命題であるため、いくら相手がこちらに悪い印象を持っていようとも、営業をかけていかなければならないのです。そして、新卒で入社したての頃は、テレアポのスキルもそれほど身についていないため、会社は新規顧客の対象リストを、それほど多くは割り振ってくれません。最初に割り振られた件数は、2000～3000件程度だったと思います。

1日に200本以上の架電をノルマとして課せられていたため、2000件程度のリストだと、10日間ほどですべてにアプローチできてしまいます。不在のところも多いため、電話をかけ直すケースもありますが、おおよそ半月程度で一巡してしまうことになります。

2週間ぐらい前に電話をして断られたからといって電話を避けていると、もう電話をかける先がなくなるのです。仕方なく、2週間ほど前に断られた先に、また電話をかけます。当然、また同じように断られます。

しかし、また2週間ほど経つと二巡目が終わり、また同じリストにアプローチをかけなければならなくなります。正直言って、何度も同じところに電話をかけ続けるのは嫌だったのですが、リストを増やしてくれと言っても増やしてくれず、同じリストに電話をかけ続けるしかなかったのです。

何度も何度も電話をかける中で、相手もこちらを覚えてきた様子で、断り文句も厳しくなり、まだ用件を言っていないのに、電話を切られることもたびたびでした。しかし、それでもリストは2000件程度しかないため、そのリストに電話をかけ続けなければなりません。そして、嫌々ながら同じリストに電話をかけ続けていくうちに、お客様にある変化が起きるようになったのです。

私「もしもし、株式会社○○の水田と申しますが……」

客「また、あなたか。あなたも、同じところに何回もかけ続けてたいへんだね」

客「何回もかけてくるけど、どんな用件でかけてきてるんだい？」

と、対応が変わりはじめたのです。最初は、用件もほとんど聞かずに電話を切っていたお客様が、私の言葉に耳を傾けはじめるようになったのです。

何度も何度も接触してくる営業に、いつの間にか興味・関心が湧き、話を聞いてくれるようになったのです。これが単純接触効果なのです。

この単純接触効果という方法で信頼関係を構築することは、それほど難しいことではありません。とくに高度なスキルを要するわけでもなく、誰にでもできることです。

そして、多くのお客様とこの単純接触効果で信頼関係を構築していくために必要になってくるのが、「大量行動」というわけです。こうして「大量行動」を実践していくことで、必然的に単純接触効果が働いていくことになるのです。

6 圧倒的な行動量を達成する方法

単純接触効果を得るためには、大量行動が必要となります。そこで、この大量行動を実践するうえで気をつけるべきポイントをお伝えしておきます。それは、行動量を増やすために、「業務を効率化して、空いた時間で行動量を増やそう」という考えでは、**いつまでも行動量は増えない**ということです。

多くの人が陥りがちな考え方が、営業時間を確保するために、その阻害要因となっている営業外の業務を洗い出して、その業務を効率化して空いた時間を営業活動に充てる、という考え方です。たとえば、提案書、見積書のフォーマット化、発注処理の簡素化や営業サポートなどへの業務委託などを行なうことで業務時間を短くして、時間が空けば、その時間を営業活動に充てようと考えるのです。

しかし、この考え方だと、業務の効率化に取り組んでいる間は行動量は増えることはありません。そして、ある業務を効率化させても、また新たな業務が発生するなど、いつまでたっても業務が効率化しないという状況に陥ってしまうのです。では、この悪循環から抜け出すにはどうすればいいのでしょうか？　その答えはいたって簡単です。**業務を効率化してから行動量を上げるのではなく、先に行動量を上げてしまう**のです。

行動量を上げると、営業活動をしている時間が増えるため、業務の効率化をしていない分、労働時間が延びるようなイメージがありますが、**実は行動量を上げることで、業務効率化が同時に実現されていくことになるのです。**

業務というのは時間があると、どうしても過剰品質になりがちです。たとえば、提案書を見栄えよくするためにいろいろと装飾してみたり、訪問先の事前チェックも、HPの見なくてもいいところまで見たり、会議でも予定以上の時間を費やすなど、時間があると、本当はそこまで手間をかける必要がないにもかかわらず、過剰に手間をかけてしまいがちになり、かなりの時間を浪費することになります。

しかし、営業活動の時間を優先的に行なうことで、これまで行なってきた過剰と言える業務は、自然にそぎ落とされていくことになるのです。ですから、まずは行動量を上げて自然に業務をそぎ落とし、今までのやり方での限界値まで持っていくのです。そして、**限界値にまで到達して、はじめて業務効率化を行なう**のです。

このような手順で行なうことによって、改善の必要がないムダな業務改善を行なわなくてすむようになります。過剰品質の部分ではなく、本質的に業務改善に取り組まなければならないものが明らかになるのです。

改善すべき業務が明確になれば、あとは「なくす」「任せる」「短くする」の手順で、業務の効率化を考えます。「業務をなくせないか」「誰かに任せることはできないか」「もっと短時間にすることはできないか」という手順で、業務をそぎ落としていくのです。

たとえば「なくす」では、「本当に、この会議に参加する必要があるのか」などが考えられます。ビジネスをしている人なら、多かれ少なかれ会議に参加していることと思いますが、「社内でベクトルを合わせる」「問題解決のための議論をする」など、有効な会議もあれば、「本当に、私が参加しなければならないのか？」と疑問に思われるものもあるでしょう。会議となると、1時間、2時間が潰れることもあり、ひどいときは会議で半日が潰れることすらあります。このような時間を削減して、行動量の確保に時間を割きたいものです。

そこで、上司に相談して会議を廃止してもらうという方法もあるし、あまり参加する意味がない会議であれば、参加することに対して「Ｎｏ」と言うこともひとつの方法です。しかし、「Ｎｏ」と断るだけでは、人間関係が悪化してしまうこともあるし、なかなか「Ｎｏ」と言いづらいということもあるかもしれません。その際には、うまく「Ｎｏ」と断るための作戦が必要になります。

たとえば、「自分の代わりに誰かを出席させたい旨を打診する」とか「会議開催の目的を確認し、事前に自分の意見をメールしておく」などの配慮をしておけば、会議の主催者の顔を立てることができます。このように、出席する必要のない会議をうまく断ることができれば、営業活動に時間を割くことができるようになります。

また、「任せる」では、これまで自分で行なっていた優先順位の低い業務を、他人に任せていくことが必要となります。しかし、現実には、ほとんどのビジネスマンが人に任せることを苦手としています。人から、楽をしていると思われるのが嫌だったり、他人に任せるのが不安で、どうしても自分から手放すことができないのです。

そして、いつまでも優先順位の低い仕事に自分自身が時間を割くことで、人が育たず、自分自身も最優先の仕事ができず、周りにも自分自身にも悪影響を与えて続けているのです。

もっと、自分自身の時間単価を考えて、自分自身が何をしなければならないのかをあらためて考えるべきです。たとえば、年収500万円の社員であれば、年間2000時間（250日×8時間　※年間休日115日の企業を想定）の労働時間なので、時給にすると1時間当たり2500円です。

時給2500円の社員が、単純作業で2時間も3時間も費やすことは、コストの無駄遣いと言っても過言ではありません。あなたが経営者なら、時給2500円で、誰でもできるような作業をしている社員を許しておくでしょうか。もっと、自分の価値に見合った仕事を優先して行なうべきだし、仕事を抱え込むことの悪影響に早く気づくべきなのです。

そして「短くする」では、どうしてもしなければならない会議を短時間でできるように、自分がやるべき作業を簡素化できないかなどを考えていきます。「なくす」「任せる」「短くする」は、業務を効率化するうえで影響力の大きなものから考えていくための手順です。この手順で、業務の効率化を考えてみてください。

ただし、何度も繰り返しますが、「業務効率化→行動量アップ」ではありません。**「行動量アップ→業務効率化」が正しい手順**ということを忘れないでください。これが、圧倒的に行動量を増やすための正しい手順なのです。

7 時間管理を見える化する業務棚卸シート

行動量を上げて、過剰に行なっていた業務をそぎ落とした後、さらに行動量を上げるために、初めて業務の効率化に取り組みます。業務を効率化するうえで足かせとなっている業務を、思いつくまま改善するよりも、まずは今、実際にどのように時間が使われているかを把握することが重要です。時間が何に使われているのかを見ることで、業務改善の優先順位づけに役に立ちます。

それでは、業務をあらためて見直す際に役立つツールを、ひとつご紹介します。それは、「業務棚卸シート」です。

この業務棚卸シートは、1週間のスケジュール帳の形式になっており、1週間の時間を自分自身がどのように使っているのかを視覚的に把握するツールです。まず、使い方としては次の手順に沿って作成していきます。

①先週1週間の活動を思い出す

②出社・退社した時間に赤線を引く
③営業活動に使った時間をピンクに塗る（移動時間も含めて）
④ピンクに塗った枠内に、訪問先企業の名前を書く
⑤社内営業（電話営業）に使った時間をオレンジに塗る
⑥営業外活動（会議、資料作成など）を青く塗る
⑦何をしたか思い出せない枠は、そのまま何も記入しない
⑧合計欄に、訪問数を記載する
⑨合計欄に、業務別で使用した時間を記載する

このように色分けしていくと、1週間で何に時間を費やしているのかが視覚的にわかるようになります。そして、この業務棚卸シートを使いながら、自分自身の改善ポイントを明確にしていくのです。

それでは、先週1週間の活動記録を書き終えた業務棚卸シートを使って、業務効率化のチェック方法を解説します。

チェック①：営業外活動がかなり多い

これは前述の通り、「なくす」「任せる」「短くする」の手順で改善していくべき内容です。

会議のうち、義理で参加しているものや、誰でもできるのに1人で抱え込んでいる作業をチ

業務棚卸シート（記入例）

氏名：　　　　記入日：　/　/

作成プロセス

①出社・退社時間の記入
⇩
②お客様との接触（社外）
⇩
③お客様との接触（社内）
⇩
④社内作業の時間を記入
⇩
⑤不明であった時間は空白にする
⇩
⑥記入事項の共有

	月	火	水	木	金	土	日
8			●プレゼン作成	●業務報告			
9	●業務報告 ●D飲料訪問			●Q鮮魚訪問	●S様訪問		
10	●E証券訪問 ●F薬品訪問	●K印刷訪問	●TEL×4			●A商事訪問	
11	●G商会訪問		●お礼メール×5 昼	●R包装訪問		●B設備訪問	
12	昼	昼	●M工務店訪問	昼	●A商事打合せ		
1	●H様訪問	●L工業訪問	●N様訪問	●B来社対応	昼		
2	●見積作成×3		●O銀行訪問		●T鋼機訪問 ●U航空訪問	●C様打合せ	
3	●I病院訪問	●B設備面談	●A商事訪問	●業務報告 ●会議資料作成			
4	●Jグループ訪問						
5	●案内状×2	●業務報告	●P商事訪問		●部内教育		
6	●お礼メール×9				●業務報告		
7							
8							
9							
10							
11							

大分類		内容	月	火	水	木	金	土	日	週計
訪問実績（件）			7	2	5	2	3	2		週計実績（件） 21
			日計時間							業務時間週計（時間）
営業活動	社外	訪問	5.5	3	4.5	3	6	1.5		23.5
										0
										0
営業時間計			5.5	3	4.5	3	6	1.5	0	23.5
営業活動	社内	来社		1		2	1	1		5
		テレアポ								0
										0
営業時間計			0	1	0	2	1	1	0	5
社内作業		業務報告	0.5	2		1	1			4.5
		見積	1							1
		案内状	0.5							0.5
		TEL			0.5					0.5
		メール	0.5		0.5					1
		プレゼン資料作成			1					1
		会議資料作成				1				1
		部内教育					1.5			1.5
										0
										0
										0
		不明	0.5	3	4	3.5	1	2.5		14.5
社内時間計			3	5	6	5.5	3.5	2.5	0	25.5
合計			8.5	9	10.5	10.5	10.5	5	0	54

※以下のURLのブログにあるメールマガジンに登録していただくと、シートがダウンロードできます。http://realtopsales.jp/

訪問活動は集中させる

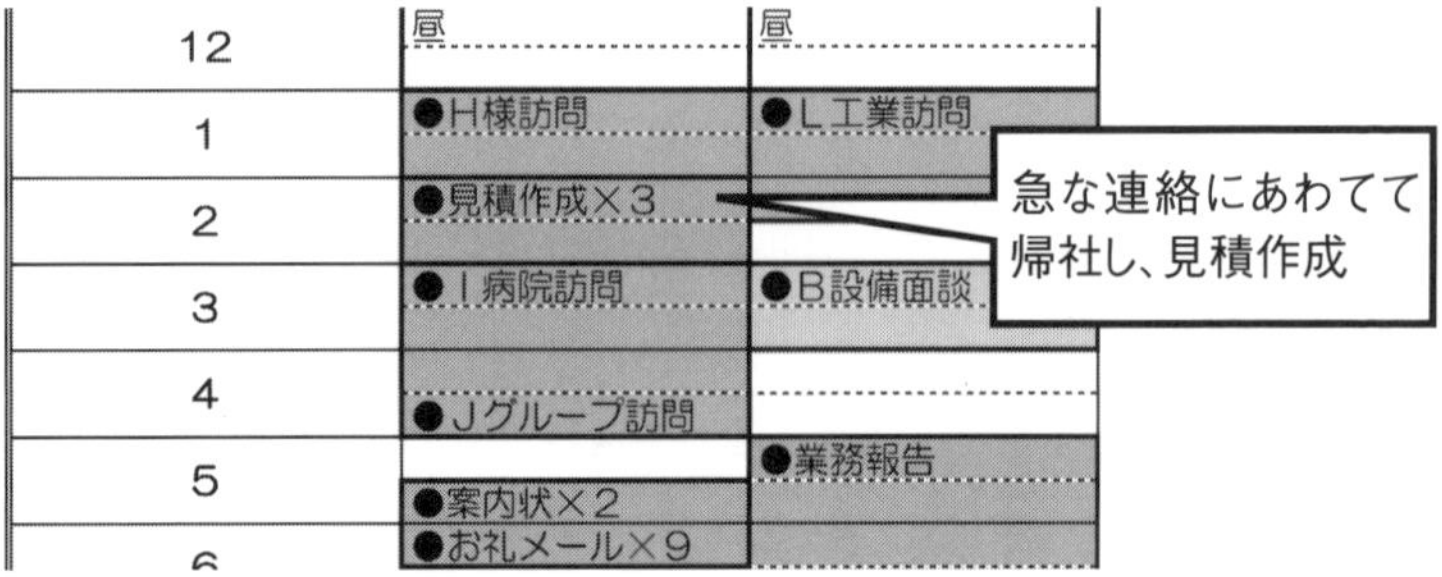

エックして、なくすものはなくし、任せるものは任せ、短くできるものは短くしていかなければなりません。ただし、何度も言いますが、必ず行動量をアップさせたうえでこの手順を行なうようにしてください。

チェック②：営業活動や営業外活動が連続しているか

業務棚卸シートは、営業活動や営業外活動が連続してできているかが見えるため、時間計測だけの業務棚卸では見えない部分も見えてきます。

業務の効率化を図る際に、どの業務にどれだけの時間を使っているのかを計測することはよくあります。しかし、その方法では、どの業務に多く時間が使われているかはわかりますが、自分の時間の使い方のまずさに気がつくことはできません。行動量を上げようと思えば、営業時間という聖域時間を設け、集中して訪問活動を行なうことが必要ですが、あらためてあなたの時間の使い方を確認してみてください。

もしかしたら、上記の図のようなことになっていないでしょうか？

一度、訪問活動をはじめたものの、急にお客様から連絡が入り、あわてて社内に戻り、事務作業をはじめるというケースです。これは、商談の進め方が営業主導ではなく、顧客主導になってしまっているのです。たとえば、毎年リピートで受注しているものを適切なタイミングでフォローせず、顧客からの問い合わせによって気づいて、あわてて対応したり、商談中のお客様のフォロー不足で相手からの問い合わせに、急に対応せざるを得なくなるなどです。

このような事態を防ぐためには、昨年あった仕事で今年もあると見込まれる仕事は何か、今進めている案件はどのようなものがあるか、そしてその案件をフォローしなければならないタイミングはいつかを管理しなければなりません。

このように仕事を管理して、顧客から声がかかる前に、こちらからお声がけすることにより、顧客主導ではなく営業主導でのスケジュール管理が実現できるようになります。

要は、お声がけする必要がある案件、今進めている案件が**一覧できる管理表**が必要になるのです。くわしくは、後述する自己管理技術である「予材管理」で解説します。

チェック③：営業時間が長いが訪問件数が少ない

この問題は、移動効率の悪さに原因があります。

1件の訪問が終わった後に、遠方まで移動して訪問しているケースです。エリアを考えた行動計画を立てずに、アポが取れた先に回っているため、移動効率が悪くなっているのです。

しかし、お客様にも都合があり、同じエリアのお客様が毎回同じ日にアポが取れるかという

1件のアポを基点にする

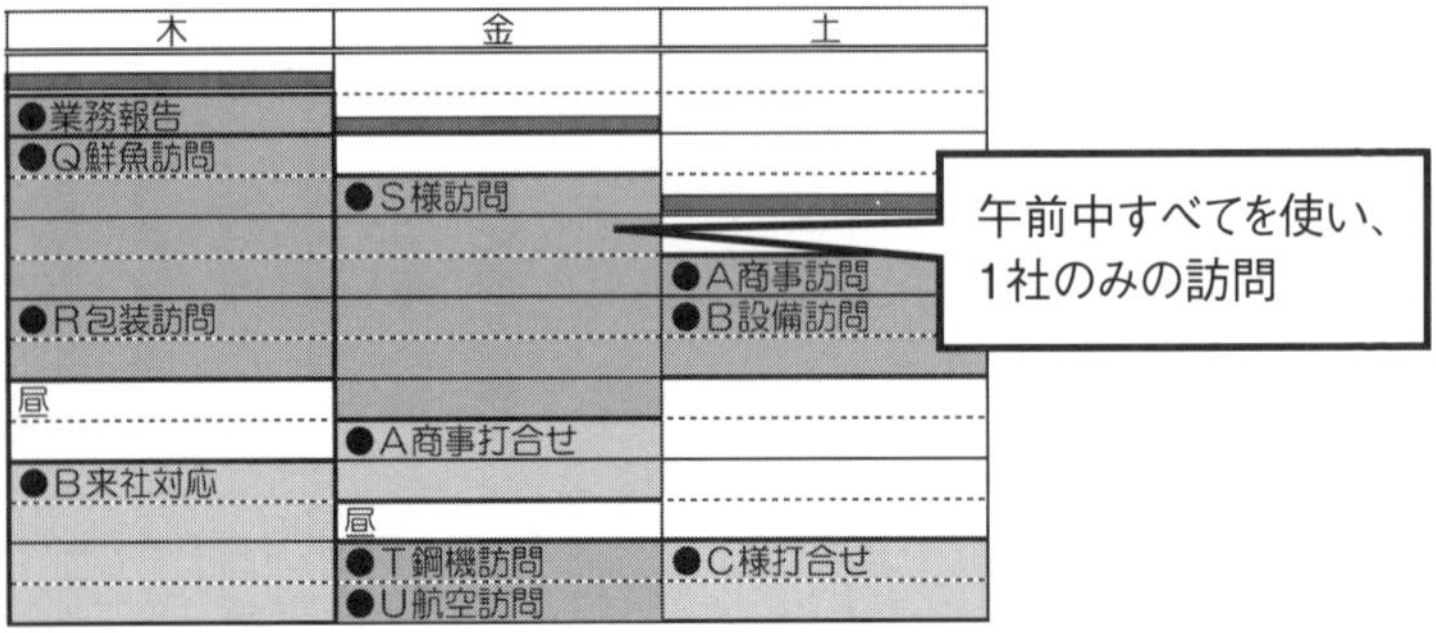

となかなか難しいものがあります。では、どうすればいいのでしょうか？

それは、アポで1日のすべてを固めてしまうのではなく、1件のアポを基点に近くの既存客や新規客にアポなしで訪問するのです。アポが取れていないお客様に突然訪問するのは、迷惑だと思われるかもしれませんが、それほど長居しなければいいのです。簡単な挨拶程度ですませて、ひと言、二言話を交わすだけでかまわないのです。

そんな、ひと言、二言話を交わすだけでは意味がないじゃないかと思われるかもしれませんが、この活動が、前述した**単純接触効果を生む重要な活動になる**のです。この小さな活動が、お客様にニーズが発生したときに、まず最初にあなたの顔を思い出させることになるのです。

最初は、不在が多くて非効率に感じることがあるかもしれませんが、不在だったことを理由に電話連絡して、いつ頃ならいるのか、比較的手が空いている時間は何時なのかを確認することができるようになります。**不在時に訪問したという**

事実が、電話をかけるネタになってしまうということです。

この方法で電話連絡を行ない、各企業の担当者の在社時間を把握することができれば、不在による非効率も改善されていきます。

チェック④：空白が多い

先週1週間を思い出しながら業務棚卸シートに記載していくと、手帳を見ても、どうしても何をしていたのかが思い出せない時間があります。この空白の時間は、計画になかった活動、いわゆる予定していなかったものに左右されている時間です。

何かに集中して業務に取り組もうと考えていた矢先に、客先や社内からのメールが入り、その対応をしていたり、部下や周りから相談があり、それに対応していた、などが考えられます。

業務の効率化を上げるためには、いかにひとつの物事に集中できるかが大切です。

一説では、いったん途切れてしまった集中力を完全に取り戻すには、15分はかかると言われています。集中している状態のところに「雑音」が入り、その対応をすることが1日に4回あれば、1時間を無駄にしてしまうことになるのです。

ひとつの物事に集中するためには、それなりの工夫が必要です。メールであれば、メールの受信に反応してしまわないように、メールソフトを閉じておいたり、部下や周りからの相談事には、今は対応できないが後で話を聞く旨を伝えるなど、できる限りひとつのことに集中して取り組む必要があります。

業務棚卸シートを見ながら、この4つのポイントをチェックして、自分にどのような問題があるのかを、あらためて確認して改善を試みてください。

8 限られた時間で行動量を最大限にする方法

それでは、先ほどの業務効率化とあわせて、さらに行動量をアップする方法をお伝えします。それは、限られた時間で行動量を最大にする方法です。限られた時間の中で、お客様との接点数を最大限にするためには、計画営業が必要になってきます。お客様の都合に合わせてばかりでは、思うようにお客様との接点数を上げることはできないのです。つまり、顧客主導ではなく、営業主導でスケジュール管理する必要があるということです。

では、その営業主導でのスケジュール管理をどのようにするのか、ということについてお伝えします。その方法論とは、「タスク」と「アポ」という考え方です。

「タスク」というのは、いずれしなくてはならない重要なことですが、とくに期限があるわけではなく、行動に起こさなかったからといって、何か支障が出るような仕事ではありません。たとえば、案件を発掘するための営業活動や新規開拓などがそれに当たります。

「アポ」は、もうすでにスケジュール帳に書き込めるような仕事です。たとえば、お客様からの問い合わせや社内の会議などがアポに当たります。

タスクを優先してスケジューリング

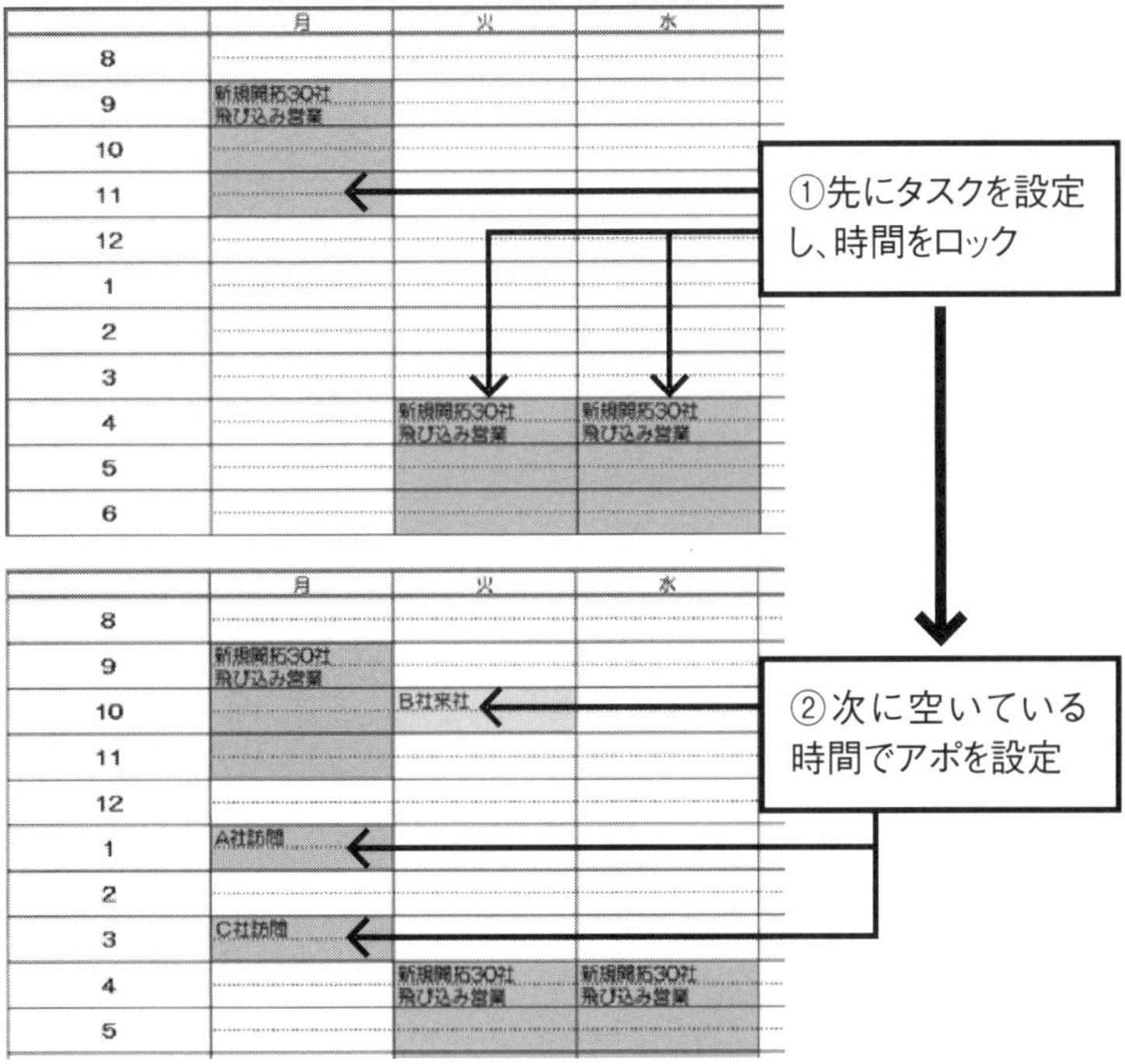

さて、あなたならタスクとアポのどちらを優先してスケジューリングするでしょうか。アポでしょうか？　それともタスクでしょうか？　あなたがトップセールスになりたいのであれば、**タスクを優先してスケジューリングを行なうべき**です。

意外だったでしょうか？しかし、営業主導でスケジュール管理をするためには、この考え方でスケジューリングをしなければならないのです。

まずは、タスクのスケジューリングを優先し、空いた時間でアポの調整をするのです。

そして、このスケジューリング方法を実践することで、**「社会的証明の原理」**による効果も得ることができます。社会的証明の原理とは、私たちは他人が何を正しいと考えているかにもとづいて物事が正しいかどうかの判断をする、というものです。

要は、私たちは多くの人から選ばれているものは、おそらく間違いがないものだと、自動的に考える癖があるのです。たとえば、初めて花粉症になってドラッグストアに行ったとします。マスクを買おうと思ってドラッグストアに行ったのですが、どのマスクがいいのかよくわからなかったとします。

そんな時、マスクが置いてある棚を見ると、ひとつだけよく売れているマスクがありました。あなたは、このマスクを自動的に手に取り、おそらくこのマスクはいいものだろうと勝手に判断して購入してしまうのです。これが社会的証明の原理というものです。

人は、多くの人が支持しているものを間違いのないものだと考える心理作用があるのです。ここでスケジューリングの話に戻りますが、なぜタスクを優先してスケジューリングしたほうがいいのかというと、この社会的証明の原理が働くからです。

お客様が営業マンを呼び出す時、いつ呼び出しても「いつでも行けます！」という営業マンは、「暇なのかな？」と思われかねません。逆に、いつも呼び出すと「その日は都合が悪いので、この日に変更していただけませんでしょうか」という返事が返ってくると、お客様はこの営業マンに対して「忙しそうだな」と思うようになるのです。

そして、「営業マンが忙しい」＝「他のお客様からの引き合いが多い」＝「この営業マンはすばらしい提案をしてくれる」という発想につながっていくのです。

しかし、ここで疑問を持った方もいるのではないでしょうか？

「すべて、営業都合でスケジューリングを調整できるものだろうか？」「なかには、お客様の都合でどうしても変更できないこともあるのでは？」と考えた方もいるでしょう。

もし、万一そのような事態が発生した場合は、お客様の都合に合わせてスケジュール調整をしてください。

「えっ？ それなら、最初からアポを優先するのと何も変わらないじゃないか！」と思われたかもしれませんが、実はそうではありません。

最初から、指定の日程を受け入れるのと、いったん日程変更の調整をした後に、お客様都合の日程を受け入れるのとでは、雲泥の差があるのです。

この、いったん日程変更をお願いした後、お客様都合の日程を受け入れることで、**「譲歩の返報性」**という心理が働きます。譲歩の返報性とは、人は他人から何らかの施しをしてもらうと、「お返しをしなければならない」という心理が働くということです。

営業都合の日程ではなく、お客様都合の日程に譲歩してあげることで、「無理を言って、都合を変えさせて悪かったね」という雰囲気になり、商談の主導権をこちらのものにすることができるのです。また、譲歩の返報性は他にも効果を生みます。これは、アメリカで返報性の原理がどのように人に影響を与えるのかを実験した研究から発見されたものです。

人は、譲歩されることにより、2つの感情が生まれるという実験結果です。その2つの感情とは、「満足感」と「責任感」です。

交渉事において、相手から譲歩されることにより、相手は満足感を得るのです。営業マンとして、お客様に満足感を得ていただくことは信頼関係を構築していくうえで、大きな影響を与えます。

そして、責任感です。こちらの条件を相手に承諾させたからには、その条件を必ず履行しなければならない、という責任感が生まれるのです。

要は、お客様都合に譲歩することで、すっぽかしなどの無責任な行為がかぎりなく少なくなるということです。この譲歩の返報性をうまく活用することができれば、商談の主導権を握ることができ、お客様に満足感を与え、すっぽかしによるムダな時間の発生をなくすことができるのです。

そして、この譲歩の返報性の効果を得るためにも、タスクとアポの考え方は非常に有効なものなのです。

4章

絶対に目標達成させる自己管理技術「予材管理」

1 自己管理技術「予材管理」とは

この章からは、本書のメインテーマである**「予材管理」**について解説していきます。営業関連の書籍の多くは、営業スキルの一部しか公開していません。その場合、成功したトップセールスが、自分自身の営業手法を取り上げて紹介しているものがほとんどです。

しかし、このような書籍では、営業スキルが今よりも上がることはあるかもしれませんが、リアルなトップセールスになるための手法としては不十分です。

ここで解説する「予材管理」は、**リアル・トップセールスになるための自己管理技術**であり、類書とは一線を画すものとなります。また、自己管理技術と言っても、巷にある時間管理や仕事術のような仕事の生産性を上げるようなものではありません。**営業に特化した自己管理技術**、それが**「予材管理」**なのです。

それでは予材管理について解説していきます。予材管理の「予材」とは、予定材料の略語です。目標予算を達成するために予定している材料（ネタ）のことを「予材」と言います。予材管理とは、この予材を**目標の2倍積み上げ**て、**その2倍の材料を常に保ちながら営業する**という手法です。

営業とは、予測不可能な出来事の連続です。今、話を進めている商談がすべて受注になることはなく、失注や翌月・翌々月にずれ込むなど、当然のように発生します。その予測不可能な環境の中で、目標予算を確実に達成させるために、営業を仕掛けていく予材を目標の2倍にして、目標未達成というリスクを回避するための、営業量を担保していく方法なのです。

なぜ、目標の「2倍」なのかということに関しては、とくに根拠はなく、業種・業態によっては、2倍以上積む必要もあります。たとえば、建設業などでは一つひとつの商談金額が大きいため、目標予算の2倍の営業量を担保しても、リスクヘッジにならないことがあります。

そうなると、目標予算の2倍ではなく、5倍、10倍という倍率の設定になります。2倍というのは、最低でも2倍以上という意味であり、この倍率は業種・業態によって柔軟に設定していただいてかまいません。ただし、どのような業種・業態でも、最低2倍を積むことが必須となります。

また、この目標の2倍の予材を積むということは、年間で2倍積んでいればいいというものではなく、月ごとの目標予算に対して毎月2倍積むことが必要です。なぜなら、年間で2倍積むという定義にすると、どうしても「期の後半にがんばります」ということになりがちだからです。

年間1・2億の目標予算だとすると、予材は2倍で2・4億円積まなければなりませんが、上半期に1億、下半期に1億4000万という、後半挽回型の行動計画にしてしまいがちです。そうではなく、まず月ごとの目標予算（この例では、単純按分で月間1000万円）を算出し、

目標予算2倍の予材管理

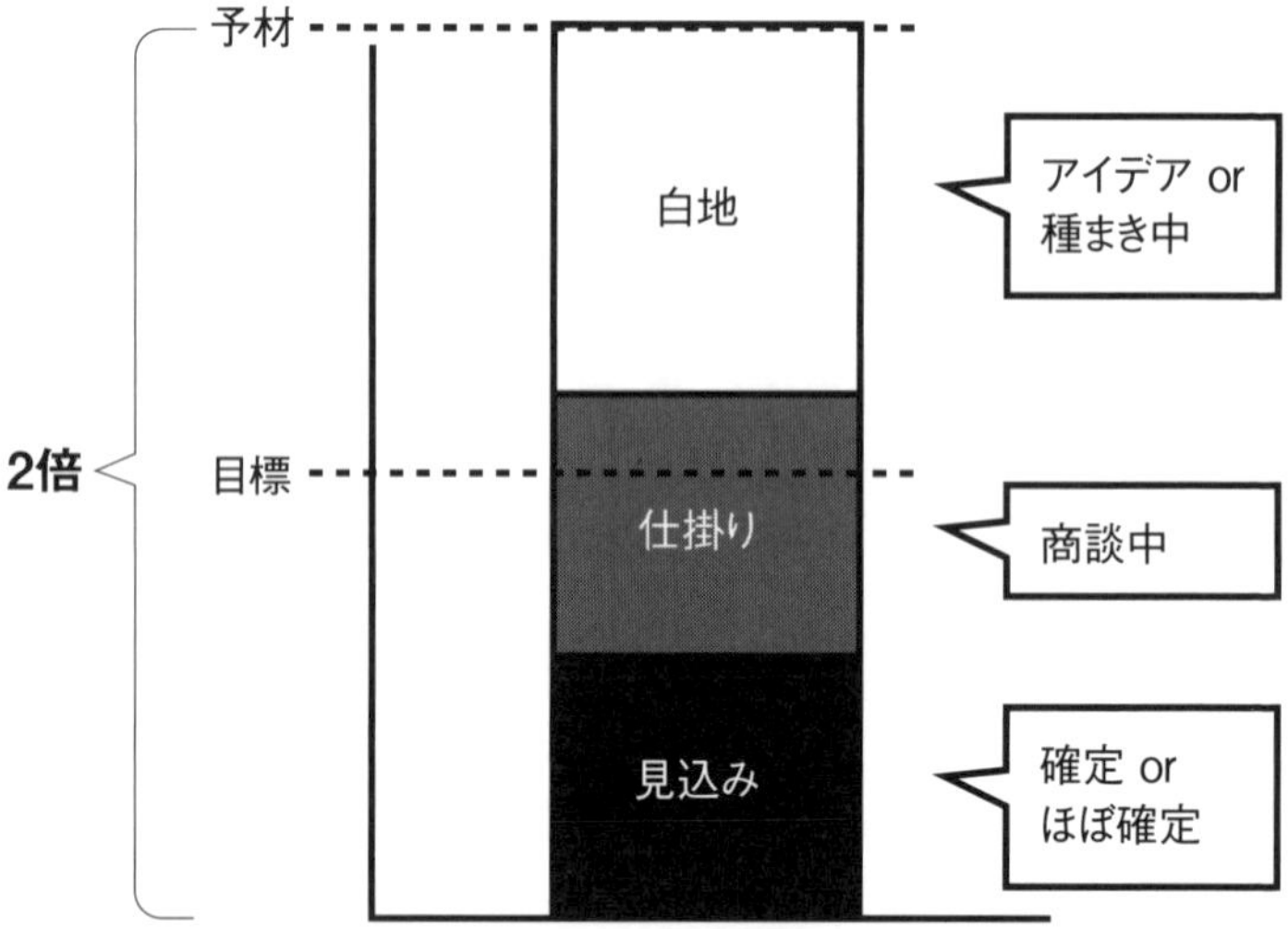

月ごとの目標予算に対して2倍（この例では、各月2000万円）の予材を積み上げていくのです。そして予材は、大きく3つの種類に分かれます。

ひとつは、**「見込み」**、そしてもうひとつは、**「仕掛り」**、そして**「白地」**という3種類に分けて予材を管理していきます。

「見込み」とは確定、もしくはほぼ確定している材料を指します。住宅販売のような案件型の営業スタイルの場合、もうすでに受注しているものや口頭で内諾をもらっていて、きわめて高い確率で受注できるような案件です。

また、リピートオーダーがある製造業のようなルート型の営業スタイルでは、まず間違いなく受注できるリピートオーダーを、この「見込み」に入れてください。ただし、リピートオーダーで受注することは間違いないが、金額が予測に対してブレが生じる場合、5%以上の下ブレが発生しない程度に、厳しめに金額を見積もるようにしてください。

「仕掛り」とは、商談中の材料のことを指します。お客様のニーズが顕在化して、具体的に話を進めているような材料です。この仕掛りは、受注できる可能性は関係ありません。ひとまず、提案ができる、見積りを提出できるなど、具体的なアクションに変わった時点で、仕掛りとして管理していきます。

そして、最後に「白地」です。これまでの「見込み」「仕掛り」に関しては、多くの企業で行なわれている案件管理とそう変わらないかもしれません。しかし、この予材管理が単なる案件管理とは大きく違う点は、この「白地」と言われる予材を管理する点にあります。

「白地」とは、これから着手するアイデアレベルの材料や、アクションは起こしているものの、まだ反応はなく、具体的な商談になっていない状態の材料です。

たとえば、「4月にセミナーを企画し、見込み客を集客して、営業をかけてみよう」「休眠客をあらためてリストアップして、営業をかけてみよう」「既存顧客の中で、拡販余地のある先をリストアップして営業をかけてみよう」など、これから活動を起こしていく内容でかまいません。また、実際にその活動を行なっているものの、具体的な話にはまだつながっていないというレベルのものが「白地」となります。

案件管理の方法であれば、具体的に商談になっている案件のみを管理しますが、この予材管理では、具体的な商談につながる前の活動にも受注予定月や受注金額を設定していくことに、案件管理とは大きな違いがあります。そして、この自己管理技術をマスターすることによって、**先行的に目標予算を達成する習慣を身につけることができるようになる**のです。

2 なぜ、200%の予材を積むのか

では、なぜこの予材管理で目標予算の2倍の予材を積み、行動を起こしていかなければならないのでしょうか？　それは、トップセールスの行動特性を解明していくことで明らかになっていきます。

どのような人のことをトップセールスと言うのかを想像してみてください。毎月毎月、目標予算を達成できずに業績が低迷していたが、期末の最後で逆転サヨナラ満塁ホームランの受注をして予算を達成した営業マン――このような人をトップセールスと言うでしょうか？

これは、ただ運よく受注ができて目標予算を偶然達成したにすぎず、本物のトップセールスとは言えません。真のトップセールスとは、毎月毎月（毎期毎期）、安定的に予算を達成できる人、それがトップセールスなのです。

では、なぜトップセールスは毎月毎月（毎期毎期）安定して予算を達成できるのでしょうか。

営業においては、予測不可能な出来事が起こることはよくあります。受注できると思っていた

案件が失注になってしまったり、今月受注できると思っていた案件が翌月にずれ込むなど、営業にはコントロール不能な出来事が頻繁に起こります。

にもかかわらず、トップセールスはなぜ計ったかのように、毎月毎月、安定的に予算を達成することができるのでしょうか。その理由はこれです。

「数字に追われるのではなく、数字をコントロールしているから」

たとえば、今月受注予定のものが翌月にズレ込んだとします。その時、トップセールスは何をしているのでしょうか。それは、当月予定していなかった**他の案件で補塡している**のです。

そして、このようにタイミングよく補塡する案件を用意するためには、常に補塡できる案件をストックしておかなければなりません。

そこで、常に補塡できる案件をストックしておくために、「手数」が必要になってくるのです。いわゆる、**営業を仕掛ける手数**です。

普通の営業は、目標予算ギリギリの案件しか保有していません。目標予算のギリギリの案件しか保有していなければ、万一案件が失注して翌月にズレ込むことになると、その時点で目標予算は未達成になります。そして、目標予算の未達成を防ぐために、失注や翌月にズレ込んだ見込み客を無理に説得しようとすれば、見込み客は強引な売り込みに嫌気がさして、二度とこちらの話は聞いてくれなくなるかもしれません。

トップセールスは、この「万一」が発生したとしても、それに対処できるように、常に種をまき続けているのです。そして、常に種をまき続けているため、目標予算をはるかに超える豊富な案件量を所有することができるのです。

豊富な案件量があれば、たとえある見込み客からの失注や受注時期のズレが発生したとしても、うろたえることはありません。失注を仕方がないことだと話したり、受注時期のズレにも余裕の態度で対応することができるのです。その姿勢がお客様に好感を与えることになり、「何か相談事があれば、○○さんにお願いしよう」という関係を構築することにもつながるのです。

モテる男が、ますますモテるのと同じ理屈です。

モテる男は手数が多いので、1人の女性を失うことにそれほど抵抗を感じることはありません。そして、その余裕がさらに魅力を感じさせることとなり、さらに女性が集まってくるのと似ています。

少し話が脱線しましたが、要はトップセールスマンの要素とは、この手数の量、いわゆる営業量を圧倒的に確保しているため、安定した予算達成を実現することができているのです。そして、この営業量を安定的に保つようにマネジメントする手法として、予材管理があるのです。

多くの営業マンは、今進行中の案件がいくつかあると、その仕事にかかりっきりになります。そして、その仕事が完了した頃には、手元に何も案件がなく、そこからはじめて案件の発掘活動がはじまることになります。

このような営業方法だと、どうしても業績に波が出てきてしまうことになります。業績に波ができるということは、目標予算を達成できる月もあれば、できない月も発生することになります。

目標予算を安定的に達成するためには、今進行中の案件があったとしても、その仕事をできるだけ手間をかけることなく、新たな案件発掘の営業活動を安定的にできているかどうかにかかっているのです。

予材管理という手法は、目標予算の2倍といった予材を積み、自分自身が常に十分な営業量を確保できているかをマネジメントする仕組みです。できるだけ多くではなく、定量的な数値（目標予算の2倍）を設定して営業量を担保していく自己管理技術こそ、リアル・トップセールスになるための技術なのです。

3 これが最新鋭のマネジメントツール「予材管理表」

ここからは、予材管理表の内容を具体的にご紹介していきます。98ページが究極の自己管理ツールである「予材管理表」です。

目標の設定方法は、単月ではなく年間を見通せるようにします。大型物件を取り扱い、商談から受注までが1、2年かかるような業界であれば、この予材管理表を2年分、3年分用意していただく必要があるかもしれません。商談期間によって、記載する期間を調整していただけ

予材管理表

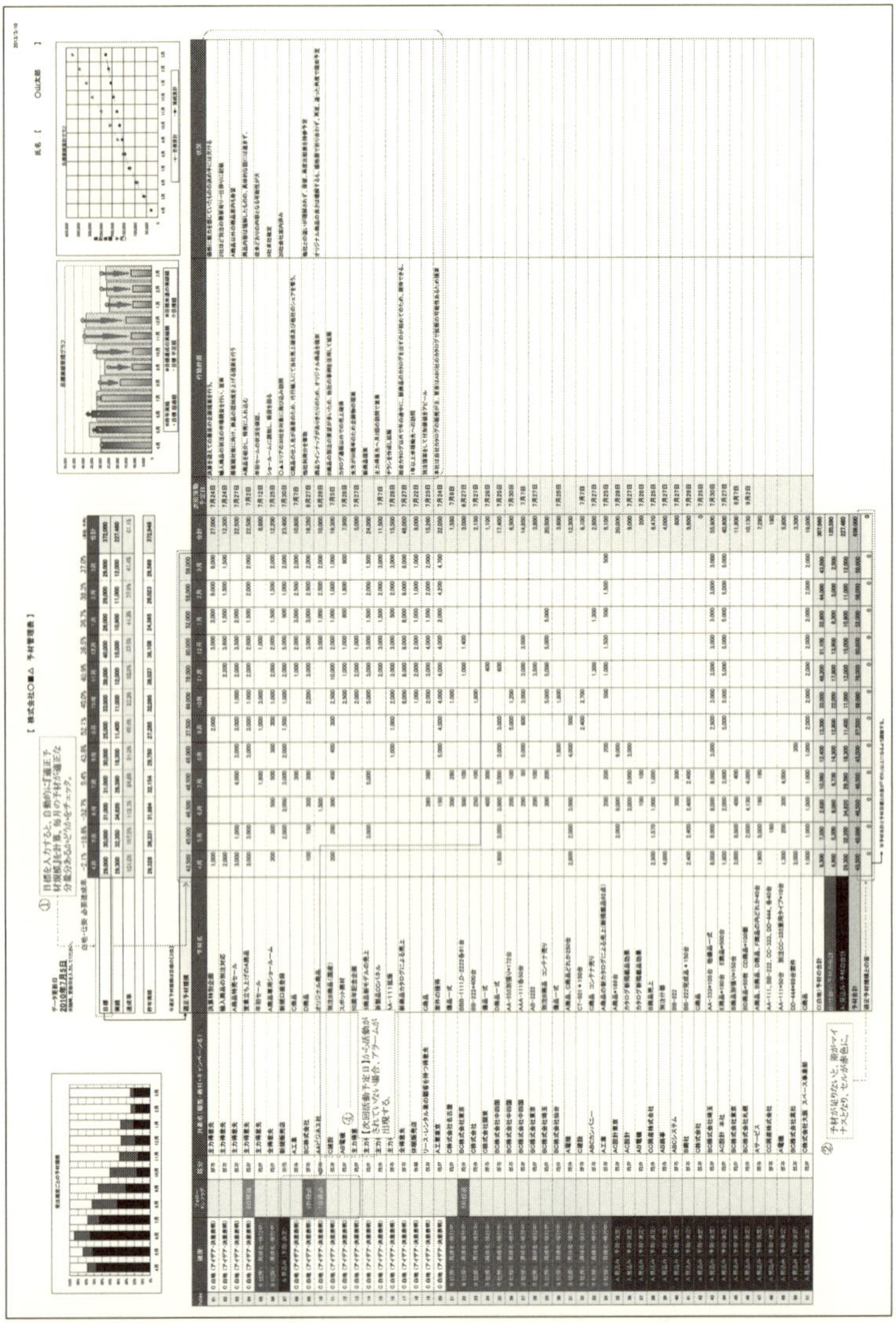

※以下の URL のブログにあるメールマガジンに登録していただくと、シートがダウンロードできます。http://realtopsales.jp/

ばいいでしょう。

ただし、気をつけていただきたいことは、期間を長くするのはかまわないのですが、短くすることには制約があるということです。

どんなに商談期間が短い業界であっても、年間を見渡せるようにしておくべきであり、よほどの理由があったとしても、最低半年先までは見渡せるようにしておいてください。なぜなら、単月管理のような短期的な営業計画では、従来の営業のやり方を変えるような発想が出づらくなるからです。

訪問や電話だけで営業活動をしていた企業が、セミナーや展示会を企画して営業するといった長期的な発想が出づらくなるからです。また逆に、短期的なサイクルで営業活動を行なっていたのでは、安定的な目標予算の達成は難しくなります。先行的に予材を管理して、先行的に営業を仕掛けていくサイクルができていないと、いつまで経っても数字に追われる営業活動から抜け出すことはできません。

目標を前倒しで達成していくと、気持ちに余裕が出てくるようになるため、新たに先行的な営業活動ができるようになり、さらに先行的に目標予算が達成できる好循環サイクルが回りはじめるようになるのです。そのためにも、最初は多少慣れなくても、先を見据えた営業計画作りが必要になるのです。

それでは、予材管理表の作成手順を解説していきます。

1　目標予算の入力

まずは、目標予算の入力を行ないます。これは、先ほども解説した通り、長期的な視野で営業計画が立てられる、1年間という期間で入力していきます。この目標を入力することで、自動的に各月の適正予材規模が2倍に設定されます。

「見込み」「仕掛り」「白地」の合計金額が2倍に満たない場合は、予材管理表の一番下にある「適正予材規模との差」の項目が自動的に赤くなります。

これが、常に予材が2倍に積まれているかどうかのアラーム機能になります。このように、ひと目でエラーが生じているかどうかがわかるようになっていることは、管理表として必須です。いちいち、計算しなければエラーがわからないような管理表では、仕事のモレを防ぐことはできないからです。

そして、このように年間で予材を積み上げていくことで、「いつ」「どれくらい」予材が不足しているのかが明確に見えるようになっていきます。

2　予材の入力

予材管理表の左から2番目の項目の「確度」は、「見込み」「仕掛り」「白地」を入力する項目です。この項目のセルをクリックすると、プルダウン式で「見込み」「仕掛り」「白地」を選択することができるため、「見込み」「仕掛り」「白地」の順に予材を入力していきます。

目標予算の入力

データ更新日
2010年7月5日
※随時、更新日を入力してください。

① 目標を入力すると、自動的に『適正予材規模』を計算。毎月の予材が適正な分量があるかどうかをチェック

（単位：千円）

	4月	5月	6月	7月	8月	9月	10月	11月	12月	1月	2月	3月	合計
白地・仕掛 必要達成率	−2.1%	−18.6%	−32.7%	9.4%	43.8%	52.1%	40.0%	40.9%	38.5%	36.7%	38.3%	37.0%	
目標	29,000	30,000	31,000	31,000	30,000	25,000	33,000	39,000	40,000	26,000	29,000	29,000	372,000
実績	29,300	32,350	34,820	29,390	18,300	11,400	11,000	12,000	15,000	10,900	11,000	12,000	227,460
達成率	101.0%	107.8%	112.3%	94.8%	61.0%	45.6%	33.3%	30.8%	37.5%	41.9%	37.9%	41.4%	61.1%
昨年実績	29,328	36,331	31,884	32,154	29,750	27,285	32,095	39,037	38,108	24,365	26,023	26,589	372,949

※適正予材規模は目標の【2倍】

予材名	4月	5月	6月	7月	8月	9月	10月	11月	12月	1月	2月	3月	合計
適正予材規模	43,500	45,000	46,500	46,500	45,000	37,500	66,000	78,000	80,000	52,000	58,000	58,000	
決算特別企画	1,000					2,000			3,000	3,000	9,000	9,000	27,000

既存	C株式会社大阪 スペース事業部	C商品	1,000	1,000	1,000	1,000	1,000	2,000	2,000	2,000
		C(白地)予材の合計	9,300	7,350	2,630	10,380	12,400	13,300	33,000	48,200
		B(仕掛り)予材の合計	4,900	5,300	9,050	6,730	14,300	12,800	22,000	17,800
		A(見込み)予材の合計	29,300	32,350	34,820	29,390	18,300	11,400	11,000	12,000
		予材合計	43,500	45,000	46,500	46,500	45,000	37,500	66,000	78,000
		適正予材規模との差	0	0	0	0	0	0	0	0

② 予材が足りないと、差がマイナスとなり、セルが赤色に

※予材合計と予材目標との差が「ゼロ」以上になるよう調整する。

予材の入力

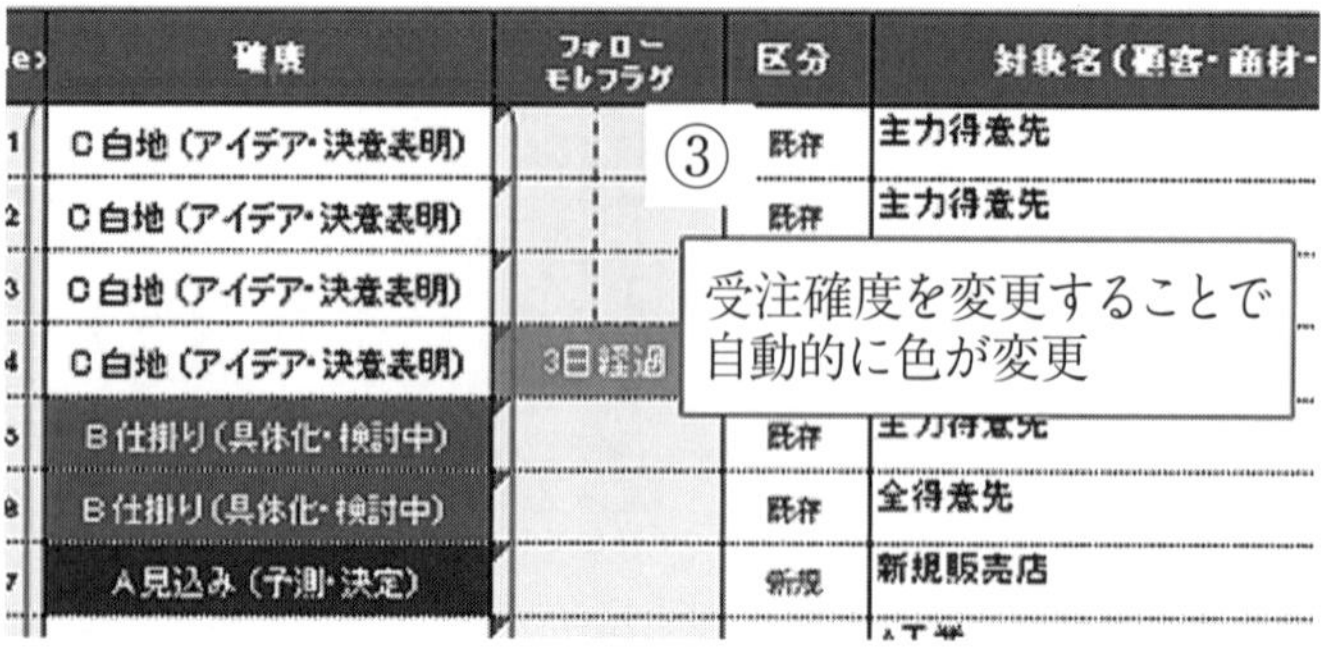

ex	確度	フォロー モレフラグ	区分	対象名（顧客・商材・
1	C白地（アイデア・決意表明）		既存	主力得意先
2	C白地（アイデア・決意表明）		既存	主力得意先
3	C白地（アイデア・決意表明）			
4	C白地（アイデア・決意表明）	3日経過		
5	B仕掛り（具体化・検討中）		既存	
6	B仕掛り（具体化・検討中）		既存	全得意先
7	A見込み（予測・決定）		新規	新規販売店

③
受注確度を変更することで
自動的に色が変更

この項目のセルには、条件付書式が設定されているため、「見込み」を選択すると青色になり、「仕掛り」を選択すると薄い青、そして「白地」を選択すると白に変わります。

予材管理表であれば、**「視覚的に」**どの予材がどれぐらい積み上がっているのかを把握することができます。そして、受注していくたびに青色の見込み予材にランクアップさせる瞬間が何とも楽しく、また、それが積み上がっていく様子を見ることにも、何とも言えない喜びがあります。

本来なら、上から「見込み」→「仕掛り」→「白地」の順で記載していくのではないのか？　と疑問に感じられた方がいるかもしれません。しかし、「白地」→「仕掛り」→「見込み」の順で記載しているのには理由があります。その理由は、この予材管理という自己管理技術では、**「白地」が最も重要な予材**だからです。だからこそ、最も見やすい位置に記載しているのです。

なぜ、白地予材が重要なのかについては、5章でくわしく解説します。

次回活動予定日の入力

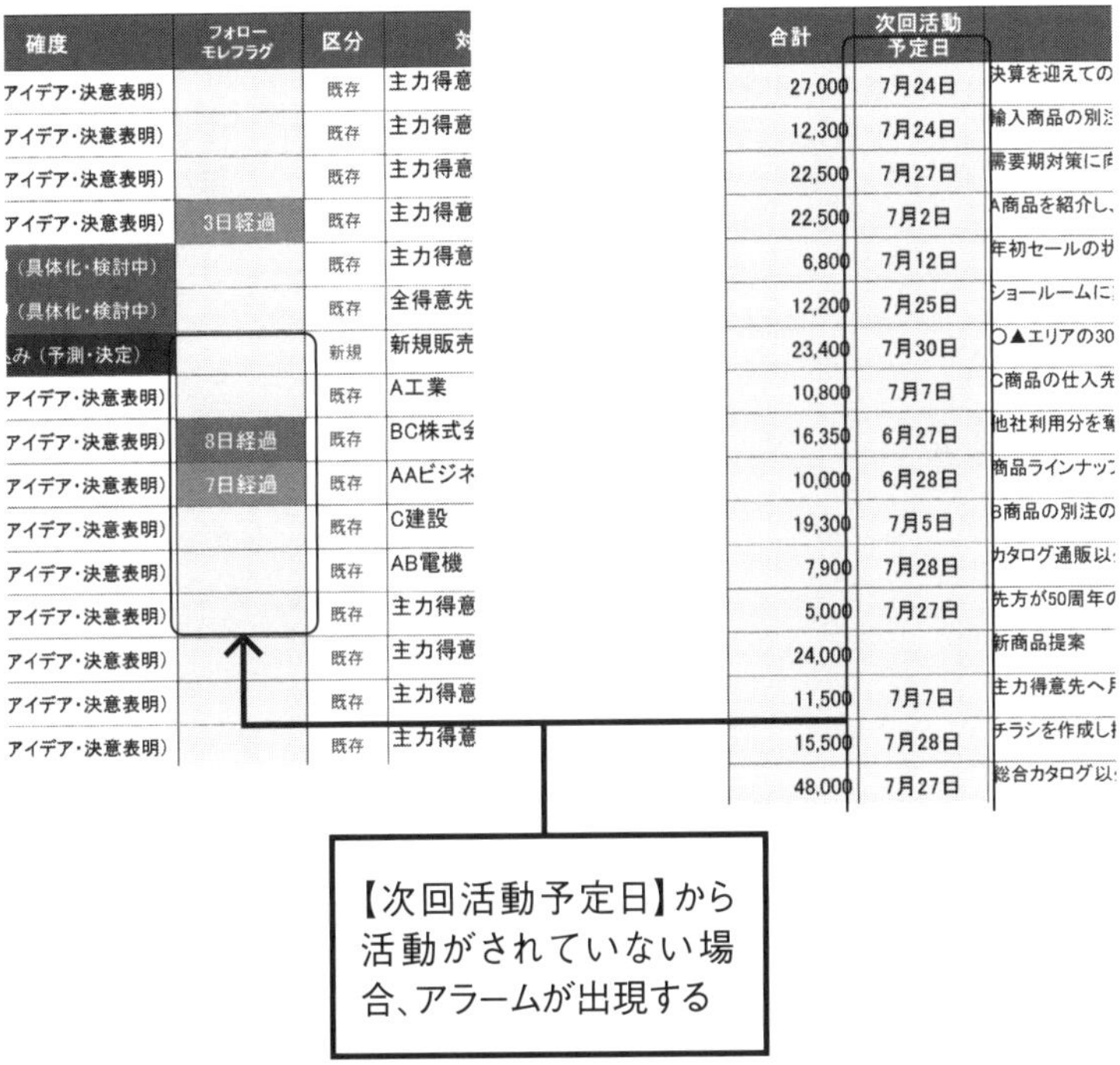

確度	フォローモレフラグ	区分	対		合計	次回活動予定日	
アイデア・決意表明)		既存	主力得意		27,000	7月24日	決算を迎えての
アイデア・決意表明)		既存	主力得意		12,300	7月24日	輸入商品の別
アイデア・決意表明)		既存	主力得意		22,500	7月27日	需要期対策に
アイデア・決意表明)	3日経過	既存	主力得意		22,500	7月2日	A商品を紹介し
(具体化・検討中)		既存	主力得意		6,800	7月12日	年初セールの
(具体化・検討中)		既存	全得意先		12,200	7月25日	ショールームに
み(予測・決定)		新規	新規販売		23,400	7月30日	○▲エリアの30
アイデア・決意表明)		既存	A工業		10,800	7月7日	C商品の仕入先
アイデア・決意表明)	8日経過	既存	BC株式		16,350	6月27日	他社利用分を
アイデア・決意表明)	7日経過	既存	AAビジネ		10,000	6月28日	商品ラインナッ
アイデア・決意表明)		既存	C建設		19,300	7月5日	B商品の別注の
アイデア・決意表明)		既存	AB電機		7,900	7月28日	カタログ通販以
アイデア・決意表明)		既存	主力得意		5,000	7月27日	先方が50周年
アイデア・決意表明)		既存	主力得意		24,000		新商品提案
アイデア・決意表明)		既存	主力得意		11,500	7月7日	主力得意先へ
アイデア・決意表明)		既存	主力得意		15,500	7月28日	チラシを作成し
					48,000	7月27日	総合カタログ以

【次回活動予定日】から活動がされていない場合、アラームが出現する

3 次回活動予定日の入力

この予材管理表では、各予材を管理する仕組みが組み込まれています。そして、「白地」「仕掛り」予材には、すべて次回活動予定日（予材管理表の中央部分）を設定します。この次回活動予定日を設定することによって、予材管理表を開いた瞬間、次回活動予定日が今日現在の日程と対比してすでに経過していた場合、フォローモレフラグが黄色く変色します。

そして、7日間以上経過すると、黄色から赤に変色していきます。このフォローモレフラグを活用して、一つひとつの予材を期限管理していくのです。顧客との商談で、期限管理はきわめて重要です。多くの営業が商談を終えた後、次回のアポ日程や返答をいただく日などあいまいにしたまま帰っていくケースが多いのですが、次回のフォロー日程をあいまいにすることに、何のメリットもありません。

次回の期限をその場で設定していないと、遠慮がちに顧客の予定をたずねることになったり、フォローが遅くなったために、他社に案件を奪われたなどはよく聞く話です。そのため、できる限りその場で次回の予定を決めてくる必要があるのです。ただし、顧客の反応があいまいで次回日程を確認したとしても、決まらない場合もあります。そのときは、こちらで勝手に次回フォローする日程を設定します。

ここで日程を設定していないと、「まだ、あの見込み客は連絡しなくても大丈夫か」「まだいいだろう」と、どんどん期限を先延ばしにすることになり、気がついたら機会損失があったということにもなりかねません。

その機会損失を防ぐために、おおよそでかまわないので、次回活動予定日を設定するのです。こうすることで、先延ばししがちな営業活動を、仕組みによって抑制をかけていくのです。

フォローモレが多くなってくると、フォローモレが黄色や赤に変色し、見るに耐えない管理表に変わってきます。そして、見るに耐えない管理表にならないようにフォローをしよう、という心理が働くことになるのです。また、このフォローモレフラグをうまく活用すると、フォ

行動計画と結果を記載

行動計画	状況
決算を迎えての最後の企画提案を行う	価格に魅力を感じていたものの決め手には欠ける
輸入商品の別注の市場調査を行い、営業	2社ほど別注の需要有り→仕掛りに記載
需要期対策に向け、商品の認知度を上げる提案を行う	A商品以外の商品案内も希望
A商品を紹介し、特売に入れ込む	商品内容は理解したものの、具体的な話には進まず
年初セールの状況を確認	従来どおりの内容となる可能性が大
ショールームに誘致し、販促を図る	5社来社確定
○▲エリアの30社を対象に飛び込み訪問	20社会社案内済み
C商品の仕入先が廃業のため、代行輸入にて当社売上確保及び他社のシェアを奪う	
他社利用分を奪取	他社との違いが理解されず、保留。再度比較表を持参予定
商品ラインナップがありきたりのため、オリジナル商品を提案	オリジナル商品の良さは理解するも、価格面で折り合わず。再度、違った角度で提案予定
B商品の別注の要望が多いため、他社の事例を活用して拡販	
カタログ通販以外での売上確保	
先方が50周年のため企画物の提案	
新商品提案	
主力得意先へ月2回の訪問で営業	
チラシを作成し拡販	
総合カタログ以外で年の途中に、新商品のカタログを出すのが初めてのため、期待できる	
1年以上未稼働先への訪問	
別注提案をして付加価値をアピール	
本社は自社カタログの販売が主、東京はABC社のカタログで拡販の可能性あるため提案	

ローモレを消し込むことでの達成感を味わうこともできます。まるで、ＴＯＤＯリストで仕事を消し込むような感覚です。

このようなフォローモレフラグを活用して、各予材に期限設定してフォローしていくのです。

４　行動計画と結果の入力

あとは、行動計画を記載して、実際の営業活動をスタートさせるだけです。行動を起こした予材から順に、「状況」の欄にアプローチの結果を記載していきます（１０５ページ）。

これで、予材管理表は完成です。資料が完成した後は、予材管理表の運用について解説していきます。

4 予材管理表は営業にとっての計器盤

「会計は飛行機のコックピットの計器盤」という言葉があります。これは、京セラの創業者でもあり、ＪＡＬの再建にも大きく貢献した、偉大な経営者・稲盛和夫氏が語った言葉です。この言葉は、以下のように解説されています。

もし、経営を飛行機の操縦に例えるならば、会計データは経営のコックピットにある計器盤にあらわれる数字に相当する。計器は経営者たる機長に、刻々と変わる機体の高度、速度、姿勢、方向を正確かつ即時に示すことができなくてはならない。そのような計器盤がなければ、今どこを飛んでいるのかわからないわけだから、まともな操縦などできるはずがない。

（出所：『稲盛和夫の実学―経営と会計』／日本経済新聞社）

会計の重要性を、コックピットにたとえて話をしているのです。

経営をうまくコントロールするためには、計器盤である会計の数字を見なければならず、会計の数字を見ないで経営をすることは、ある意味、コックピットにいる機長が計器盤なしに操縦しているのと同じです。そのような状態では、飛行機は墜落する（経営は破綻する）というたとえ話なのです。

「経営をコントロールするためには会計を見るべき」という内容なのですが、これと同じように、営業も数字をコントロールして目標予算を安定的に達成するためには、コックピットの計器盤を見なければなりません。そして、営業にとってのコックピットの計器盤とは、まさにこの予材管理表なのです。

今、「見込みがいくらあるのか」、そして「仕掛りがどれぐらいあるのか」、「その仕掛り予材はいつ受注予定なのか」、「受注できたとすると、どれぐらいの金額になるのか」を、すべて明確にして一覧で見えるようにしなければ、何をどれぐらい行なわなければならないのかが明確になりません。

目標予算に対する不足額を明確にしなければ、それを埋めるための白地予材がどれぐらい必要なのかが見えてこないし、どれぐらい白地予材が必要なのかを、目に見えるようにしなければ、行動計画が明確になってこないのです。

「ひとまず、不足しているのはたしかなので、やれるだけがんばります」では、計器盤を見ずに操縦しているのと同じであり、月末や期末に蓋を開けてみれば、「目標未達成でした」となることは必然です。そして、無計画で営業をすれば当然、行動を改善することもできないはずです。

数字をコントロールして、目標予算を安定的に達成するには、予材管理表を使って「いつ頃に」、「どれぐらい」不足が発生しているのかを、明確に把握することが必要不可欠なのです。

また、会計に「ROA（Return On Assets：総資産利益率）を見る」や「流動比率を見る」などの数字の見方があるように、予材管理表にもポイントとなる見方があります。たとえば、予材が多すぎる場合は、1予材当たりの単価が少額なものを積み上げている可能性があるため、予材のすべてをフォローしきることができず、目標予算が未達成になる可能性があるかもしれません。

また、逆に予材の数が少なすぎれば、1予材に金額が集中している可能性があり、失注によるリスクが潜んでいるため、2倍以上の予材を積まなければならないとか、「見込み」予材と目標にほとんど差がない場合は、安定基盤にあぐらをかくことなく、白地の活動を行なっているか、などといったことが見えてきます。

くわしい解説は、この後の項でしていきますが、要は目標予算を必ず達成させるために、そしてリアル・トップセールスになるために、予材管理表という計器盤を徹底的に活用していただきたい、ということなのです。

5 見込みと仕掛りの量は100%以上が必然

安定的に目標予算を達成するためには、見込みと仕掛りで、最低でも目標予算以上に予材を積んでおく必要があります。「私が営業をすれば必ず売れる」といったタイトルの、トップセールスが書いた書籍もありますが、あれは注目を惹くための仕掛けであり、本当にどのようなお客様を相手にしても100%売ってくる営業マンなどは存在しません。

現在のようなモノ余りの時代に、商品やサービスを今すぐ購入しなくては支障をきたすということはなく、購入しないという選択肢は十分にあり得るのです。また、お客様にも都合があり、購入したくても予算の都合で買えないという状況もあります。ということは、神業的なテクニックが使えたとしても、すべてのお客様に商品やサービスを必ず購入させることなどはできないのです。

だからこそ、目標予算を安定的に達成するためには、見込みと仕掛りの予材で目標の100%以上が積めていることが絶対条件となるのです。そして、この見込みと仕掛りが100%以上積まれているかどうかの基準は、あなたをトップセールスにするための正しい方向へ導いてくれるコンパスとなってくれます。

具体的に受注できそうな予材が増えてくると、その予材を刈り取るために多くの時間を割かなくてはならなくなります。そして、その予材にかかりっきりとなるため、他の予材に動きが取れないのは仕方がない、という発想に誰もが陥るようになります。

「今は種まきではない、優先すべき活動は刈り取りだ」と考え、種まきの動き、いわゆる白地予材に対する活動を疎かにしてしまうのです。

しかし、いくら目の前の予材の刈り取りが重要だったとしても、その刈り取りだけでは目標に達しないのであれば、やはり種まきの活動も必然的に行なわなければなりません。もし、刈り取りに時間が取られ、種まきの時間が割けないのであれば、社内で刈り取りへの業務を手伝ってもらうなどの調整を行ない、意地でも種まきの時間を捻出しないことには目標の未達成という結果に終わってしまうのです。

トップセールスは、この事実をよく理解しています。あるＩＴ企業のトップセールスに、成果を上げるための秘訣を聞いたときのことです。

そのトップセールスマンは、何年も連続して安定的に目標を達成している人物でしたが、そ

自分の役割に特化する

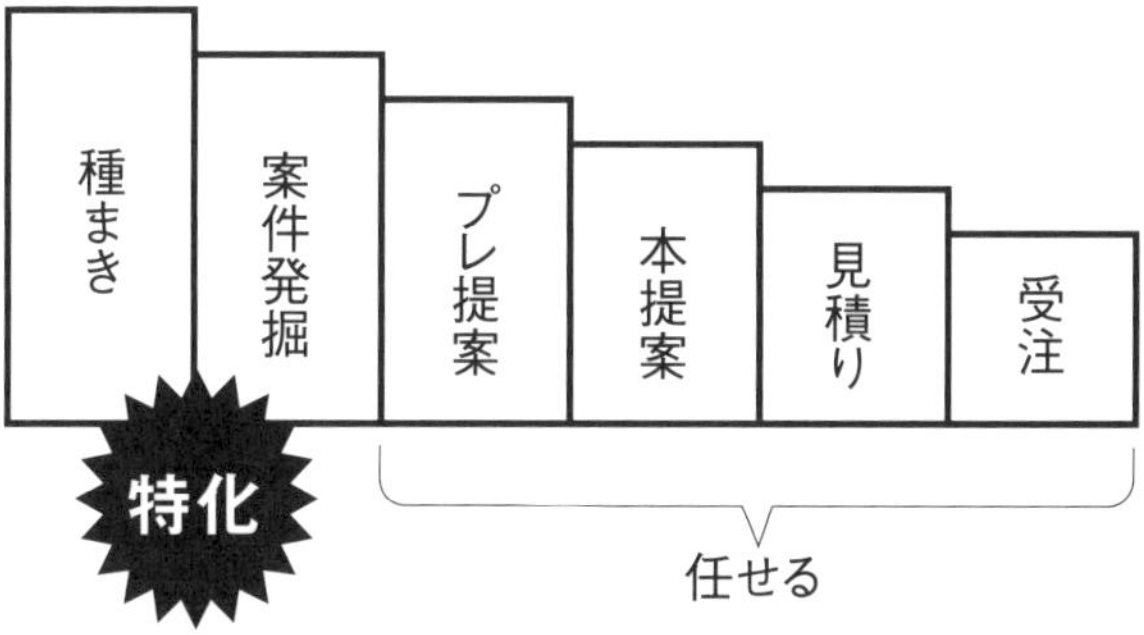

の成果を上げるための秘訣は、とてもシンプルなものでした。

その秘訣とは、**「自分の役割に特化する」**というものでした。

その企業の業界では商談の単価が大きく、ひとつの案件を進めていくのに非常に時間がかかります。他の営業マンは、種まきを行ない、案件を発掘して、プレ提案、本提案、見積りなどのすべてのプロセスを1人で行なっているケースが多いのですが、話をお聞きしたトップセールスの動きは、他の営業マンとはまったく違っていました。

どのように違っていたかというと、プレ提案以降の仕事は他の人に任せて、自分自身は種まきや案件発掘に多くの時間を割いていたのです。本来であれば、具体化した案件に対して、お客様と綿密な打合わせを行ない、提案して受注にまで持っていく仕事は、営業として最も楽しい時間です。これまでの仕事が実を結びそうな予感も味わえるため、多くの営業が自分自身で手がけたいと思うのも当然です。

にもかかわらず、その最も楽しいはずの時間を他人に任せて、自分自身は案件の発掘に特化しているのです。なぜ、このような考え方になるのかというと、**目標予算を達成させることが自分自身の役割であり、それが使命だと考えているから**です。最終的な目的が目標予算の達成にあるからこそ、このような行動を起こせるのです。

他にも、このようなトップセールスがいました。それは、**「刈り取りの時間をコアタイム以外で設定する」**という考え方です。通常の営業マンなら、目の前にいる受注できそうな顧客を、すぐにでもクロージングして成果に結びつけたいと考えます。しかし、私が話を聞いたあるトップセールスは、このようなノウハウを教えてくれたのです。

「刈り取りは、あえて他のお客様と会いづらい時間に設定します。なぜかと言うと、刈り取りが成功し、契約となるとその場で契約の手続きに入るため、30分以上の時間がかかります。その契約のおかげで、他のお客様と会いやすい時間帯が潰れたのでは成果を上げ続けることはできなくなるからです」と。

普通の営業マンは、目の前の案件をモノにすることに必死になり、先のことが見えていないことが多くあります。逆に、トップセールスマンは直近の案件を受注することは当たり前で、常にその先、その先を見据えて営業活動を行なっています。

常に最終目標である目標予算に焦点が当たっているか、そして未来を見据えて活動ができているかが成果の違いとなって現われているのです。そして、その習慣を身につけるために、予材管理表で見込みと仕掛りが、常に目標の１００％以上積まれているのかをひとつの指標として、**今すべき行動を決定していかなければならない**のです。

「仕掛りを刈り取るのか、それとも白地の活動を行なうべきなのか」――これは、予材管理表を見れば一目瞭然です。

6 逆算の発想で行動スピードが高速化する

予材管理表の白地予材には、必ず「期限」と「ノルマ」を設定します。期限とノルマとは、記載した白地予材の「受注予定月」と「受注金額」です。白地予材とは、アイデアレベルのものや、お客様にアプローチはかけているものの、まだ反応がない状態の予材になります。

このような状態の予材に、「受注予定月」と「受注金額」を設定してくださいという話をすると、あなたはこのように思われるかもしれません。

「そんな、まだ具体的になっていないものに受注予定月や受注金額なんて書けませんよ。適当でいいのなら、いくらでも書けますけど。そんなことしても、意味ないでしょ？」と。

しかし、この仮説の白地予材に「受注予定月」と「受注金額」を設定するということには、実は大きな意味があるのです。なぜ、意味があるのかというと、仮説であっても、「受注予定月」と「受注金額」を設定することで、**今の行動が決定してくる**からです。

多くの企業で、中期経営計画書といった、中長期的な目標を設定して企業活動を行なっています。これは、中長期的な目標を設定することが目的なのではなく、中長期的な目標を設定することで、今期の動きが決定できるためです。これを、**「逆算思考」**と言います。中長期的な目標を設定して、それを実現するために、目標から逆算して今何をすべきかを考える思考技術です。

仕事を進めていくうえでの考え方としては、この「逆算思考」と「積み上げ思考」という2種類があります。

もうひとつの「積み上げ思考」とは、最初に目標を設定せずに、行動して積み上げた実績が最終的な成果になるというものです。

ビジネスで最大限の成果を上げたいのであれば、「逆算思考」で仕事を行なうことを強くお勧めします。なぜなら、「逆算思考」で営業を行なうことで2つのメリットがあるからです。

まずひとつは、**「最適な手段を選ぶ習慣が身につく」**ということです。

たとえば、あなたが紳士服を製造販売していたとします。積み上げ思考だと、製造にかかった費用に、得たい利益をプラスして販売することになります。その結果、価格帯がお客様の想定しているものより高くなり、その商品が選ばれることなく、やむなく値下げをして〝赤字受注〟ということになりかねません。

しかし、逆算思考であれば、設定したターゲットの顧客層が買いそうな価格帯と得たい利益から逆算して、材料費、人件費、外注費、販管費をコントロールして、最適な手段を選択することができます。

営業でも同じで、逆算思考であれば、今の営業方法の延長線上ではとうてい目標は実現しないと気づくことができ、目標を実現させるための最適な手段を考え、選択するようになるのです。また、積み上げ思考だと、もともと計画性がないため、行動が修正されることはありませんが、逆算思考であれば、最初に立てた計画通りに進んでいなければ、それに気づくことができ、常に行動を修正していくことができます。

2つ目のメリットは、**「行動スピードが高速化する」**ことです。新たに決めた活動というのは、得てして後回しにされがちです。たとえば、新規開拓やイベントに集客したお客様の、イベント後のフォローなどを想像いただければおわかりいただけると思います。新規開拓やイベント後のフォローよりも、既存顧客回りなど、これまでの営業業務を優先して営業活動を行ないがちです。

その中で、新しく新規開拓やイベントのフォローで予材発掘を図ろうとしても、必ず**「今どれぐらい動けそうか」**から考えてしまいがちになります。

「今、○○のシーズンだから既存客回りは欠かせないし、社内作業も手いっぱいだ。動けたとしても、週に1回ぐらいかなあ」というように、「今どれぐらい動けそうか」という発想で、新たにはじめる新規開拓やイベントのフォローへの行動量を決定します。

しかし、そのような発想ではどんどん先送りにされ、気がつけば新規開拓やイベントフォローで成果が上がるのがかなり先になってしまうか、もしくはあまり活動しないまま形骸化していくことになるのです。そのような事態を防ぐために、期限とノルマを設定する必要があるのです。後回しにされがちな新たな活動に、期限とノルマを設定することによって、逆算の発想が生まれます。

「4ヶ月後に100万円の受注を獲得するために、3ヶ月後までには見積りを提出している見込み客が5件必要で、5件の見積提出客を確保するには、2ヶ月後まで提案できる見込み客が20件必要。2ヶ月後まで20件の提案ができる見込み客を見つけるためには、今月中にあと20件のアプローチが必要」というような発想になっていくのです。

「今、動ける範囲」ではなく、「結果を得るため」の行動となり、また、行動スピードが積み上げ思考よりも高速化していくのは明らかです。

仮説レベルの白地予材でも期限とノルマ、すなわち受注予定月と受注金額を設定する理由はここにあるのです。

5章

予算を達成するために絶対必要な「白地」という考え方

1 種をまかないかぎり、「受注」という花は咲かない

花を咲かせるためには、種をまかなければなりません。そして、種をまいただけでは花は咲かないので、水をやり、定期的に肥料をやり続けなければなりません。そして、ようやく芽が出てきて、つぼみができて花が咲くのです。

営業活動も、花を咲かせる活動に似ています。成果を得るためには、会社や自分自身、そして商品やサービスの存在を知ってもらわなければなりません。そして、一度の接触だけで成果を得ることはできないため、お互いの信頼関係を構築したり、商品知識をさらに深めてもらうなど、定期的に客先に通い続けなければならないのです。その結果、ようやく引き合いがあり、具体的な提案を行なって受注となるのです。

しかし、ひとつだけ違うとすると、営業は常に刈り取りと種まきを同時にしなければならない、ということです。花農家は、種まき、育成、収穫、そして出荷が順番にやってきます。しかし、営業は毎月毎月の出荷が求められるため、当月の収穫・出荷作業を行なうのと同時に、翌月や翌々月の出荷のための種まきを行なわなければならないのです。

ところが、営業マンは種まきの作業を疎かにして、育成や収穫に偏りがちになります。なぜなら、育成（引き合い後の提案）や収穫（クロージング）は、成果に近づいていることが実感

できるし、仕事をしているという充実感が満たされるからです。しかし、芽を育てることや収穫ばかりに時間を割いていたのでは、翌月、翌々月に出荷しなければならない花は育ちません。

毎月、決められた数の花を安定的に出荷するためには、**種まきの活動をいかに絶やさないようにするか**にかかっているのです。

「種まき」と「収穫」のどちらを優先すべきかについては、私は種まきと考えています。なぜなら、業績の波の激しい普通の営業マンではなく、「常に」「安定的に」毎月の目標予算をクリアするリアル・トップセールスになるためには、この考え方に変えなければならないからです。

また、種まきを疎かにしていると、収穫に喜びを感じなくなります。当月の出荷予定があるため、まいた種をすぐに育成・収穫しなければならなくなり、多量に水をあげたり、まだ育ちきっていないのに収穫せざるを得なくなるからです。

出荷時期が迫ることによって営業に焦りが出て、その焦りが売り込み色を強くし、ヘタをするとお客様から嫌われたりします。そして、まだ育ちきっていないのに収穫をしてしまうと、本来ならもう少し大きな商談に持ち込めていたものが、小さな商談でクロージングせざるを得なくなり、あげくのはてには値引きをしなければならないという事態になってしまうのです。

これでは、せっかく商談の主導権を握っていたとしても、数字に追われて焦ってしまうと、商談の主導権はお客様側に移ってしまうことになります。このような悪循環に陥らないためにも、忙しくても種まきの時間を絶やさないように営業活動をしなければなりません。

では、どのようにして種まきの時間を確保すればいいのでしょうか。その解決策も「大量行動」にあります。育成や収穫の活動量を減らして、種まきの活動に費すと考えると抵抗があるかもしれません。また、育成や収穫の活動も大切な営業活動なので、減らすことはできないと思われるかもしれません。

であれば、**大量行動によって行動量の母数を引き上げる**ことを行なうと、そのような悩みも解消されます。たとえば、これまでの月間訪問数が１００件だったとして、種まきに使っている活動が20件だったとします。そして、育成や収穫に80件の比重をかけていたとします。この母数自体を、これまでお話しした大量行動の手法で引き上げるのです。月間訪問数を１００件から２００件に引き上げれば、必然的に育成・収穫が１６０件、種まきが40件となるため、種まきの行動量が20件引き上がることになります。

そしてもうひとつ、種まきの活動をさらに加速させるために、育成・収穫への行動量をそのままにして、**引き上げた行動量のすべてを種まきの活動に当てる**という考え方もあります。

たとえば、先ほどのように月間１００件の訪問量で種まきが20件、そして育成や収穫に80件の比重をかけていたとします。そこで、訪問量を１００件から２００件に増やし、増やした１００件をすべて種まき活動に当てるのです。そうすれば、種まき１２０件、育成・収穫の活動80件という比重になります。

育成や収穫の活動を減らして、種まきの活動量を増やすとなると抵抗があるかもしれませんが、このように大量行動を実践することで、育成や収穫の活動を減らすことなく、種まきの活動を安定的にすることができるようになるのです。

そして、種まきへの比重をかけて営業するためには、何となく活動していたのではうまくいくことはありません。種まきへの比重をコントロールするためにも、計画的な営業が必要になります。そのために、予材管理では「白地」という種まきの活動を具体的にシートに落とし込んで、自分自身の活動が種まきに意識が向くように、活動をコントロールしているのです。

2 どれだけ白地活動に時間を割くべきか

それではここで、予材管理をやっていく中で、白地にどれぐらいの時間をかけて活動すべきかについて解説したいと思います。営業やセールス活動において、信頼関係が重要であることは3章でお伝えしました。営業の神様とも言うべきブライアン・トレーシーも、「営業活動の半分以上を信頼関係の構築に割くべきである」と話しているほどです。それほど信頼関係の構築は、営業やセールス活動を成功させるための重要な事柄なのです。

信頼関係や人間関係を構築するうえで、「ペーシング」と「リーディング」という考え方があります。ペーシングとは、相手にペースを合わせることであり、リーディングとは、相手をリードして自分のペースに誘導していくことです。相手をリーディングしていくためには、信頼関係が必要であり、信頼関係を構築していくためには、ページングが必要と言われています。この考え方は、ＮＬＰという心理学の分野でコミュニケーションを円滑にする方法として語られています。

ＮＬＰとは、「Neuro-Linguistic Programming」の頭文字を取ったもので、日本語で「神経言語プログラミング」と訳されているものです。このＮＬＰは、米国カリフォルニア大学の助教授ジョン・グリンダーと同大学の学生だったリチャード・バンドラーが、心理療法で優れた実績を上げている3人のセラピストのコミュニケーション手法などを体系化したもので、その手法は多くのセラピストやカウンセラーの間で広がり、今ではビジネスやスポーツの世界でも幅広く活用されているものです。

このページングとリーディングには最適な割合というものがあり、信頼関係を構築するうえで、多くの時間をページングに割かなければなりません。その割合とは、**「80：20」の割合**です。**相手をリードしていくためには、ページングに80％の比重を置かなければならない**ということです。

営業におけるページングとは、世間話やお客様の役に立つ情報の提供、あるいは悩み事や困り事などを聞く活動であり、商品説明や売り込みのような営業本位の活動ではないものです。

このページングを行なわずに、リーディングばかりをしていると、お客様はあなたの話に耳を貸さなくなっていきます。たとえば、テレビや新聞なども、販売促進、ＰＲ活動という大き

予材管理の行動割合

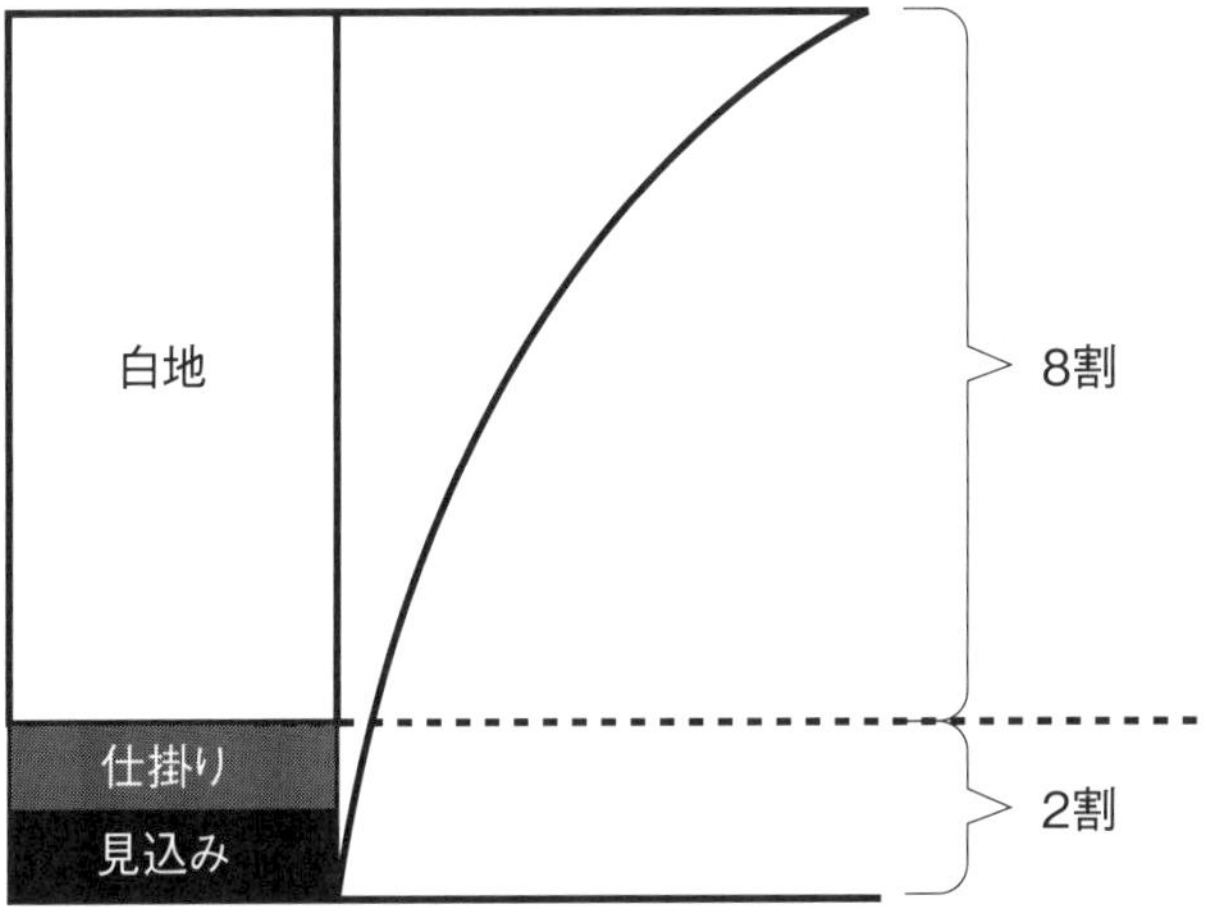

な括りでは営業行為になります。もし、このようなテレビ番組があったらどう思われるでしょうか？

　あなたがある日、テレビ番組を見て楽しんでいました。その番組は非常におもしろいものの、番組の合間のＣＭがやけに多い。５分刻み、３分刻みで番組が中断し、ＣＭに入っていく。そのようなテレビ番組があったら、あなたはその番組を最後まで見るでしょうか？　おそらく、途中でＣＭの多さに腹を立ててチャンネルを変えてしまうはずです。

　これは新聞でも同じです。あなたが新聞に期待しているのは、政治、経済などの有益な情報のはずです。そのような期待を裏切り、広告や宣伝ばかりに多くの紙面が割かれる新聞を、あなたは毎日読むでしょうか？　おそらく、情報を得る媒体をビジネス誌などに変えてしまうのではないでしょうか。

このように、テレビや新聞のＣＭや広告が活きてくるのは、多くの時間や紙面が、お客様との信頼関係を構築する活動に割かれているからなのです。

ページングに、ほとんどの時間や紙面が割かれているからこそ、リーディングを抵抗なく受け入れることができるのです。そして、予材管理でページングに該当する活動とは「白地」の活動になります。

仕掛り・見込みは、具体的な商談であり、受注へつなげるためにリーディングを行なっているフェーズで、白地活動のフェーズがお客様との信頼関係を深めるページングに該当します。

そして、予材ごとの活動の割合は、先ほどもお伝えしたように、ページング8割、リーディング2割という配分となります。要は、**営業活動の8割は白地活動に費さなければならない**のです。

3 ネタがないと、本当にお客様のところには行けないのか

白地活動に8割の時間を割けと言っても、**「用もないのに、お客様のところには行けない」**という営業マンもいることと思います。

営業マンが、お客様に行けない理由のＮＯ．1は「ネタがない」です。何か、提案できる商

品やキャンペーンなどのネタがないと、お客様のところには行けないという営業マンが多いことも事実です。しかし、実際は**「ネタがないから行けないのではなく、行かないからネタができない」**のです。

しかも、商品提案やキャンペーン情報の提供というのは、明らかに売り込みです。このような営業活動ばかりをしていたら、前述したように、お客様に嫌われることは必至です。

大胆に言ってしまうと、ネタがなくても、お客様のところに行けばいいのです。何も、お客様のところに行くのに、そんなに気負う必要はありません。単なる世間話、様子うかがいで十分なのです。要は、繰り返し接触を図る行為自体が重要なのです。

世界の偉大なセールスマンの中に、単純な接触を繰り返すことで驚異的な実績を残した人物がいます。その名前は、ジョー・ジラートです。彼は、自動車販売のセールスマンで、年間1425台もの自動車を販売し、ギネスブックにも載っている、驚愕のトップセールスです。1425台というと、毎日、平均4台を売りさばいた計算になります。

しかもこの人物は、たまたまこの年だけ運がよくて1425台売れたわけではないのです。12年間連続でギネスブックに記録を残し、自動車販売を行なった15年間で、何と13001台も売った、本物のトップセールスなのです。

そのジョー・ジラート氏が行なっていた手法のひとつとして、単純接触効果を活用したDMがありました。何万、何十万とある見込み客に対して、ジョー・ジラートはDMを送り続けたそうです。しかもその内容は商品の売り込みやキャンペーンではなく、**たったひと言「I like you」というニュアンスの好意的な言葉と、自分の名前を書いていただけ**だというのです。

このような単純接触を繰り返したことが影響して、前人未到のギネス記録を打ち立てる結果につながったのです。

私も営業時代は、同様にネタがなくても、お客様との接触をせざるを得ない状況にありました。２０００件のリストに対して、毎日２００本のテレアポ。これだと、10日でひと回りしてしまうため、月に2回以上、同じお客様に電話をかけることになります。

そのような環境の中、何を話していたかというと、たいした話はしていないのです。ここ最近の景気の話や、資金繰りに対して困ったことが発生していないかなどを話していただけなのです。

余談ですが、断るお客様に繰り返し電話をかける時のポイントは、**「ソフトにしつこく」**です。１回の通話時間自体は非常に短くてもかまいません。相手に余裕がありそうで話を聞いてくれそうな時は世間話をしますが、相手が忙がしそうであれば、とくに用件を伝えることもなく、すぐに切っていいのです。ひと言二言交わすだけでも十分なのです。

ポイントは、**「期間を空けすぎずに連絡をすること」**なのです。

「今日は月末なので、念のためにご連絡してみました」「新聞で○○銀行の貸し渋りのことが書いてありましたので、もしやと思いご連絡してみました」など、理由は何でもかまわないのです。こじつけでも大丈夫です。「嘘つけ。お前は営業したいから電話をかけてきたのだろう」と思われてもいいのです。忘れられない程度に接触を図ることが重要なのです。

このような接触を繰り返していく中で、「水田さん、こんなことってできるの？」「ちょうどいいところで電話をかけてきてくれたね。実は……」と、お客様のほうからネタを出してきてくれるのです。

これは、偶然かもしれません。しかし、**その偶然に遭遇する確率を高めたのは、繰り返しお客様との接触を図っていったから**です。そして、繰り返しお客様と接触することにより、あなたの印象はお客様の中に強く残ることになります。あなたの印象が、他の営業マンよりも強くなり、最も強く印象に残すことができれば、いざという時にあなたに声がかかる可能性は高くなります。

人間の記憶では、一番であることが重要です。世界で一番高い山はエベレスト、世界で一番長い川はナイル川というのはよくわかっているのに、二番目がなかなか思い出せないことはよくあることです。それほど、一番と二番では印象に残るアドバンテージが違うのです。

ネタがないから訪問できない営業マンを尻目に、あなたがネタはなくても訪問することで、お客様の脳の検索エンジンに引っかかるようになっていきます。**ネタがなくてもお客様のところに訪問することは、お客様の脳の検索エンジンに対する最高のSEO対策**になるのです。

4 ネタがなくて困った時には「自己開示」

とはいえ、ネタがない状態でお客様と対面した時、いったい何を話せばいいかわからない、気まずい雰囲気になるのは嫌だという方に、ネタがない中で何を話すべきかについて、いくつかの解決の糸口をご紹介します。

まず、ネタがなくて困った時には、**「自己開示」**をしてみましょう。お客様とうまく会話ができないのは、相手が営業されることに対して警戒をしているからです。営業マンに対して不用意に情報を与えてしまうと、その情報から何を売り込んでくるかわからないと警戒しているため、会話が思うように弾まないのです。

そうならないようにするためには、その雰囲気を払拭する必要があります。要は、相手が話しやすい雰囲気にすることであり、相手がこちらに好意を持ってくれなければならないのです。

その好意を持ってもらうためにすることが、**「自己開示」**です。「自己開示」とは、自分のプライベートな情報を相手に伝えることによって、相手に好意を持ってもらう方法です。自分自身のプライベート情報をオープンにすることで、ある2つの心理的効果を得ることができます。

その2つの効果とは、**「開放性の法則」**と**「類似性の効果」**です。

「開放性の法則」とは、**人は相手のプライベートな部分に触れると親近感を抱く**というものです。たとえば、これまであまり好意的でなかった、どちらかというと苦手だった同僚や先輩と飲みに行く機会があったとします。

それまでは、あまり好感が持てない相手だったのですが、その飲み会でプライベートな話を聞いたり、相談されたりすることによって、以前よりもその同僚や先輩に対して好意的になったという経験はないでしょうか。これが「開放性の法則」です。

同様に、あなたがお客様の前でプライベートな話をすることによって、あなたに対する親近感が増し、あなたに好意を持つようになるのです。相手が好意を持ってくれるようになれば、その場の雰囲気はかなりよくなるはずです。その雰囲気に乗じて、相手のプライベートに話題を振ってみてもいいでしょう。

ただ、飛び込み営業など、新規顧客を相手にしている営業マンは、「プライベートな話をしろと言われても、なかなかできない……」と思われるかもしれません。また、お客様の前でうまく自己開示ができないという方がいるかもしれません。そのような方は、ぜひ**自己紹介チラシ**をうまく活用してください。

たとえば、チラシに自分自身の経歴や出身、生い立ち、顔写真などを掲載して、飛び込み営業を開始する前にポスティングするのです。そして、ポスティングしたお客様に対して、翌日に飛び込み訪問をします。

「昨日、失礼ながら私の自己紹介を書かせていただいたチラシを配布させていただいたのですが……」という切り口で飛び込み訪問をすれば、自己紹介も飛躍的にしやすくなります。

チラシに、顔写真と経歴が書かれているチラシなどあまり見かけないため、見られる可能性は高くなるはずです。このように、チラシを活用することで、自己開示がうまくできるようになるため、ぜひ実践してみてください。

そして、もうひとつが「類似性の効果」です。**「類似性」**とは、**人は自分と似ている人を好む**という心理的特性があります。たとえば、出身や経歴、趣味や生い立ちなど、自分と似ている人に好意を持つ習性があるのです。出身地が同じだというだけで、「何だか、この人とは気が合いそうだ」と思ってしまうのは、この類似性が大きく影響しているからです。

アメリカでも、この類似性が、好意を持ってもらうことにどれぐらい影響しているか、という実験があります。その実験とは、ある大学のキャンパスで、電話をかけるために人から10セントを借りるという実験です。

この10セントを借りる際、実験者の服装が、「学生と類似した服装をしている場合」と「類似していない服装をしていた場合」の、貸してもらえる確率を実験したのです。

実験結果は、「学生と類似した服装をしている場合」は、3分の2の人が10セントを貸すことに承諾したのに対して、「類似していない服装をしていた場合」は半分の人しか承諾してくれなかった、というものです。

類似性というのは、人の無意識に働きかけ、好意をもたらしてくれる強い味方です。この類似性の効果を得るためにも、あなたの経歴や出身地を出し惜しみせずにさらけ出すことが大切なのです。

ネタがないと思ったときは、「自己開示」で、まずはお客様に好意を持ってもらうことからはじめてみてください。

5 相手がついつい話してしまう世間話テクニック

先ほどは、ネタがない場合に自己開示で話題を展開するお話をしました。これ以外でも、お客様と会話できる雰囲気を作り出すために、営業がよく使う話題があります。営業だけでなく、一般的に社外の人とビジネスでコミュニケーションを行なう場合に必要となるものです。それは「世間話」です。

世間話というのは、ビジネスコミュニケーションで、多くの人が活用していることと思います。しかし、世間話で何を話せばいいのかに悩む営業マンは多く、思ったように会話がうまく進まないケースがあります。ちなみに世間話には、世間話をするためのフレームワークというものがあります。

「裏木戸にたてかけさせし衣食住」というフレームワークです。

「裏」……裏話、「木」……季節、「戸」……道楽、「に」……ニュース、「た」……旅、「て」

……天気、「か」……家族、「け」……健康、「さ」……酒、「せ」……セクシャル、「し」……仕事、「衣」……服装、「食」……食事、「住」……住まい、の中から、ひとつテーマを選んで世間話を展開するというものです。

しかし、相手の好みがわからないまま話を振っても、世間話が逆効果になることがあります。

営業「週末は、いつも何をされているのですか？ 私は先週末に海に行ってきまして……」

お客「へー、僕はインドア派だから……」

営業「……（冷や汗）」

また、無難に天気の話をしても、あまりにもありきたりで、相手に形式的な印象を与えてしまうこともあります。

営業「今日は暑いですね」

お客「夏だからね」

営業「……（冷や汗）」

では、ありきたりではなく、それでいて相手が興味を持ってくれそうな世間話は、どうすればできるようになるのでしょうか。そんな悩みを持つ方に、ある簡単な方法をお伝えします。

それは、**「お客様の業界でありがちなことを言う」**です。

人は、自分のことに最も興味があります。自分に関連や関心のあることには、誰でも思わず反応してしまうものです。ということは、お客様の業界のことを話題にすると、世間話ではずすことがなくなるのです。

たとえば、相手が出版業界であれば、「電子書籍の盛り上がりでたいへんそうですね」などと言ってみる。医薬品製造業界であれば、「新製品の投入や海外企業の買収などが活発ですね」と話してみる。半導体製造業界であれば、「収益構造を変えるためにファブレス化が進んでいるようですね」など、相手の業界のことを話すことによって、相手は心理的に会話に巻き込まれやすくなるのです。

このような一般論は、インターネットからいくらでも拾うことができます。私の場合だと、帝国データバンクの業界動向から抜粋していますが、他にも検索すればいくらでも情報はあると思います（ただし、記事掲載時期には気をつけてください。昔の情報を間違えて拾って、ここ最近の話題のように話してしまうと、かなり恥ずかしいことになります）。

このように、一般論を話しながら、相手の状況をそれとなく引き出していくこともできるし、相手に共感してもらうことによって、信頼関係を深めていくこともできます。そして、さらにワンランク上の世間話テクニックもあります。それは、一般的な世間話を展開した後で、**「相手が世間で評価されている部分の逆の評価も付け加える」**ことです。

世間一般的に、革新的な会社に対して、「革新的な会社として有名な御社ですが、やはり商品開発の原理・原則というものも大切にされているのでしょうか？」、または、海外に積極的に展開している会社に対して、「海外での認知度が高いようですが、むしろ日本の消費者の視点を大切にされているところなどもあるのでしょうか？」などといった、逆の部分を評価してあげることによって、「この人は他の営業マンとは違う」と評価されることもあります。「この営業マンは、当社のことをわかってくれている」と思ってもらうことができれば、お客様との距離を縮めることになります。

もし、逆を評価して、実際はそうではなかったとしても、相手を深く理解しようという姿勢は、お客様に悪い印象を与えるものではありません。要は、お客様にいかに共感してもらうことができるかです。そして、お客様に共感してもらうためには、相手の関心事に目を向け、それを話題にすることこそが世間話のテクニックなのです。

6 本音を話すのも効果的！「アンダードッグ効果」

ここでは、既存客向けではありませんが、他にもネタがない場合に使える方法があります。それは、**「あえて本音を伝える」**という方法です。

お客様は営業マンに対して、スキあらば何か売り込んでくるのではないか、と警戒心を持っているものです。このように警戒したお客様に、あえて素直に今の状況をお話しするのです。「すみません。今月どうしても数字が足りなくて、何か機会があればと思い、お伺いしました」と率直に話をするのです。

お客様は、素直に「売り込みに来ました」と言われると、その正直な姿に好感を持つものです。正直者に対しては、お客様も心を開くのです。そして、あえて自分自身の弱い部分をさらけ出すことによって、ある効果が生まれます。その効果とは、**「アンダードッグ効果」**というものです。

「アンダードッグ効果」とは負け犬効果とも言われるもので、不利な状況にあるものに手を差し伸べたくなる人間の心理です。他人の弱い姿を見ると、助けてあげたくなるのが人というものなのです。

私も営業時代、この方法はよく使っていました。数字が足りなくて、何とか埋めなければならない状況下においては、キャンペーンや融資の審査が通りやすいなどといったことをお客様に伝えるよりも、素直に「数字が足りなくて、どうしようもなく……」と話をしたほうが、お客様も話を聞いてくれたのです。

そして、この方法は意外なことに何度も使うことができます。もう少し正確に言うと、何度もお願いしても嫌がらない人がいます。常識的に考えると、「何度もお願いすると、嫌われるのではないか」と考えがちですが、世の中には何度も助けてくれるお客様がいるのです。

それはなぜかと言うと、**「自己重要感」**という欲求が、人には存在するからです。自己重要感とは、自分自身のことを「価値ある存在」だと思いたいという欲求です。弱い人を助けることによって、人は自己重要感が満たされます。この欲求が、人一倍強い人が世の中にはいるのです。お客様の紹介をお願いすると、よく紹介をしてくださる方などはまさにそうです。紹介をしてくださる方は、多くの場合、その対価として金銭などは求めないものです。無償で紹介していただける方がほとんどです。紹介することに何を求めているのかというと、自分自身が人の役に立っているという自己重要感なのです。このようなタイプの特徴としては、親分肌の方が多いようです。子分が困っていると、助けてあげたくなるという方です。

このようなタイプの方には、何度もお願いをしても嫌がられることはありません。ただし、もしお願いをするのであれば、その後の対応もしっかりしないと、逆に信用を失うことになります。

まず、無理を言ってお願いをしたのであれば、そのお願いがうまくいってもいかなくても、こちらの話を聞いてくれたこと、そのために動いてくれたことに必ず感謝しなければなりません。しかし、お願いしたことがうまくいかなかったからといって、時間のムダだったという態度を匂わせるようなことがあれば、もう二度と協力はしてくれなくなります。どのような結果になったとしても、常に感謝の意を述べることが重要です。

そして、逆にその方から何かを頼まれることがあれば、当然ながら全力で応えましょう。結果として、その方のお役に立つことができなくても、全力で動くことによって、良好な関係が保てるはずです。

このように、話すネタがなくて困ってしまった時に、小手先の技術を使おうとするのではなく、「あえて本音を伝える」ということを実践してみてはいかがでしょうか。

おそらく、お客様と嘘偽りのない会話ができるようになり、お互いの信頼関係は深まっていくはずです。

7 専門性をアピールして信頼を勝ち取る

ではここで、ネタがない場合に話すテクニックとして、最も高度な方法をお伝えします。それは、**「専門性をアピールする」**という方法です。

お客様から、専門家として一目置かれる存在になることができれば、信頼関係を短期間で築くことができるし、信頼関係はより強固なものになります。そのためには、営業マンはその業界の専門家だと思われるようなアプローチをしなければなりませんが、そのためには何をすればいいのでしょうか。それは、「お客様を教育する」ことです。もう少し具体的に言うと、**「商品の判断基準を教育する」**ことです。

最近では、インターネットが普及して、どんな情報でも簡単に入手できるようになりました。その影響もあってか、このようなことを口にする方がいます。

「お客様は情報を持っていて、こちらの商品のことなどは十分に把握・理解している。営業マンからの情報発信は、もう必要ない時代になっている」と。

しかし、これは私から言わせると、とんでもない話です。インターネットが普及して情報が入手しやすくなったことで何が起こっているのか。

それは、**情報が多くなりすぎたことで、お客様が何が自分に適しているのかがわからなくなっている**のです。そして、モノ余りの時代になるにつれて、サービスやオプションが多岐にわたって、複雑になりすぎて、素人には判断しづらくなってきているのです。

また、あなたのお客様も暇ではありません。あなたの業界の最新情報を常にキャッチアップできるほど、時間を持て余している人はいないのです。さらに、いくらインターネットで情報が取れるとはいえ、その情報の信憑性が高いかどうかは疑わしいものです。だからこそ、わざわざ営業マンを呼んで内容を確認するのです。

お客様が情報の大洪水に惑わされる中、営業マンがその情報を選別して発信してあげる必要があるのです。ただし、情報発信をする必要があるといっても、商品の売り込みをしてしまうと、お客様に嫌われてしまう可能性があります。

そこで何を話せばいいのかというと、商品を選定するうえで気をつけるべきところ、いわゆる「商品の判断基準」に関する情報を提供すればいいのです。たとえば、住宅販売の営業マンであれば、「家を買うなら間取りと収納かなあ」と漠然と考えているお客様に対して、「間取りも、住み心地を考えるうえでは重要ですが、意外に見落とされがちなのはコンセントの位置と数です。これが少なかったり、適切なところについていないことに後から気づいて、不便を感じている方がいらっしゃいます」と、家を選ぶ判断基準を何気なく伝えてあげるのです。

他にも、「よくお客様の中で、子供が成長して車を持つことを考えて、駐車場が2台必要とこだわり、無理をして高い物件を買われる方が多いのですが、お子さんが車を買って駐車場を使う期間は、せいぜい大学の間の4年間ぐらいです。ここで無理をして駐車場2台の家を買われるよりも、駐車場は1台にして、お子さんが大学生になったら、近くの駐車場を借りたほうがよほど安くすみますよ」と、教えてあげるのです。

他にも、私の前職のように、企業への融資業務を行なっている営業であれば、「融資を受ける金融機関を選ぶ際に、多くの人が金利で判断しがちですが、金利だけで判断することは非常に危険だということを、多くの方がごぞんじではありません。やはり、今後のことも考えて、必要な金額をすぐに出してくれるか、最悪金利だけ払えばOKという返済の自由度があるかどうかをチェックしておかないと、支払いに困った時にたいへんですよ」と、商品を選ぶ際の判断基準を伝えるのです。

現時点では、その商品に対してあまり必要性を感じていなかったとしても、お客様が知らなかった商品の判断基準を伝えることによって、営業マンに対して専門性を感じ、頼れる存在に見えてきます。そして、もし必要になることが発生すれば、この営業マンに相談しようと思うようになるのです。

その商品の判断基準とは、あなたが提供する商品につながる話でなければなりません。簡単に言うと、商品の選択基準を教育して、その選択基準を満たしているのは、あなたが提供する商品、という流れになるようにしてください。

お客様が興味をまだ持っていない時こそ、この商品の判断基準を教育しておくことが重要です。ここで、しっかりと判断基準を発信しておくことで、お客様が本当に必要性を感じた時に、まずあなたに話が来るようになるし、あなたの商品を選択する可能性も高まるはずです。

6章

白地を積み上げる方法

1 白地を積み上げる方法はたった2つだけ

本章では、予材管理で最重要視されている白地の積み上げ方について解説をしていきます。

白地を積み上げる方法は、たった2つしかありません。その2つとは、売上げというものが、どのような構成要素で成り立っているのかを考えると自ずと答えは出てきます。

売上げは、次のような公式で成り立っています。

「売上げ」＝「客数」×「客単価」

営業に求められる目標予算は売上げのケースが多いと思われますが、その目標予算を埋めるための白地を積み上げるには、**「客数を増やす活動」**を行なうのか、**「既存客への拡販」**を行なうのか、なのです。

さて、それでは白地を積み上げていくうえで、まず、どちらを優先すべきでしょうか？　当然ですが、まず、白地を積み上げていくうえで優先すべき事項は、**「既存客への拡販」**となります。なぜなら、2つの大きな理由があります。

まずひとつは、「販売にかかるコストが小さいから」です。マーケティング用語の中で、「1：5の法則」というものがあります。この**「1：5の法則」**とは、**新規開拓に販売するコストは、既存客に販売するコストの5倍かかる**という法則です。

実際に営業活動を行なっている方であれば、感覚的につかんでいることと思いますが、同じ100万円という売上げでも、新規客から獲得するのと、既存客から獲得するのとでは、かかる労力が違います。

新規客であれば、まず「あなたは誰なの？」という拒絶反応を示している方から信頼を得ていくという労力をかけなければなりません。商品にメリットがあることや、その商品が効果を出している実績、他社の導入事例、怪しい会社ではないことなど、さまざまなことについて話さなければなりません。また契約段階でも、その後の契約の流れやアフターフォローについても詳細に説明する必要があります。

しかし、既存客であれば、一度取引をしているため、拒絶反応を示されることはありません。目の前にいる営業マンのことも会社のこともよくわかっているため、詳細に話をしなくても理解してくれるからです。あるいは、かなり信頼関係が深まっている顧客であれば、商品やサービスの詳細を確認することなく、「あなたに任せます」と言われるケースもあります。

さらに、単なる顧客ではなく、顧客にファンになってもらうことができれば、新商品の拡販も容易にできるようになるし、そのファンとなった顧客から、新規客を紹介してもらえることもあるでしょう。このように、新規客と既存客では、成果を得るまでの労力や時間などのコストが大きく異なるのです。

限られた時間で、効率よく売上げを上げていくためには既存客を優先すべきなのは、1：5

の法則からもご理解いただけると思います。

そして2つ目の理由は、「予算達成が安定化してくるから」です。予算達成を安定化させるためには、ベースとなる数字をいかに積み上げるかは重要なポイントです。ベースとなる数字を積み上げれば積み上げるほど、予算達成への負荷は軽くなっていきます。

多くの企業や営業マンは、新しい顧客を集めることには力を入れます。イベントを行なったりチラシをまいたり、販促ツールを作るなど、新しい顧客を開拓するために、さまざまな策を練るのですが、意外に忘れがちなことが、一度商品やサービスを購入してもらった顧客を、どうやって優良顧客に育て上げるかという戦略です。

この戦略を放置したままで、リピート受注だけのお付き合いに留めている顧客は、他社からよい商品や安い商品が出てくれば、すぐに離反してしまいます。その結果、新規客を、また必死になって開拓しなければならなくなるのです。まるで、穴の開いた浴槽にどんどんお湯を入れているイメージです。いくら蛇口を全開にしてお湯を入れたところで、開いた穴からどんどんお湯が流れていってしまったのでは、いつまでたっても浴槽のお湯をいっぱいにすることはできません。

まず、ここでやるべきことは、蛇口をひねって湯量を多くすることではなく、開いた穴をふさぐことです。マーケティング用語で、「5：25の法則」というものがありますが、これは既存客を重視するためによく使われる言葉です。「5：25の法則」とは5％の顧客離反を防ぐことができれば、利益が25％改善するという法則です。

一度取引していただいた顧客を放置するのではなく、他の商品やグレードの高い商品を購入してくれたり、そして別のお客様を紹介もしてくれるような優良顧客に育てるための既存客への白地づくりを、まずは優先して考えていくべきなのです。

2 既存客の優先順位のつけ方（客単価アップ）

既存客の離反は、現在もらっている仕事を丁寧に対応しているだけで防ぐことができるかというと、決してそうではありません。常に、顧客に新たな満足を与えることが、顧客離反の防止につながるのです。あなたは、継続的にもらっている仕事の品質を保ち、納期をしっかり守り、そしてしっかりとアフターフォローさえしていれば、ずっと継続してくれると考えているかもしれません。

しかし、顧客との取引を長く継続したいのであれば、さらに他の商品も購入していただいたほうが、その関係性はより磐石なものになります。顧客に、いわゆるあなたの会社のファンになってもらうようにするのです。いろいろな商品を購入していただけるようなファン客に育てることができれば、多少のことで、取引を中断するという選択はしないはずです。

では、ファン客になってもらうには、どのような方法があるのでしょうか？　方法は2つあります。

ひとつは**「アップセル」**、そしてもうひとつは**「クロスセル」**という方法です。「アップセル」とは、現在ご購入いただいている商品のワンランク上の商品を買ってもらうことです。たとえば、自動車販売であれば買い替え時期に、さらにグレードの高い商品をお勧めしたり、テレビなら、今よりも大画面のテレビの購入を促すといった行為です。

また「クロスセル」とは、購入した商品の関連商品を買っていただくことです。たとえば、パソコンを販売したお客様にプリンターをお勧めしたり、マクドナルドでハンバーガーを購入したお客様に、「ポテトもいかがですか?」というのもクロスセルになります。

このようなアップセル、クロスセルを駆使して客単価を引き上げていく活動をすることが、お客様との関係性を深く・長くしていく最善の方法なのです。しかし、アップセル、クロスセルが毎回毎回うまくいくかというと、必ずしもそうではありません。

お客様にも都合があり、こちらがコントロールできない事情もあります。こちらがコントロールできない事情とは「予算」です。いくら、グレードの高い商品やサービスを気に入ったとしても、予算をオーバーしているようでは購入という選択は取りません。関連商品をお勧めしても、買うことを選択することはないでしょう。

逆に、予算が豊富なお客様は、興味・関心をひくことができれば、一気にファン客へと関係性が深められる可能性があります。年に一度しか旅行しないお客様よりも、年に何度も旅行を

顧客のポテンシャル分析

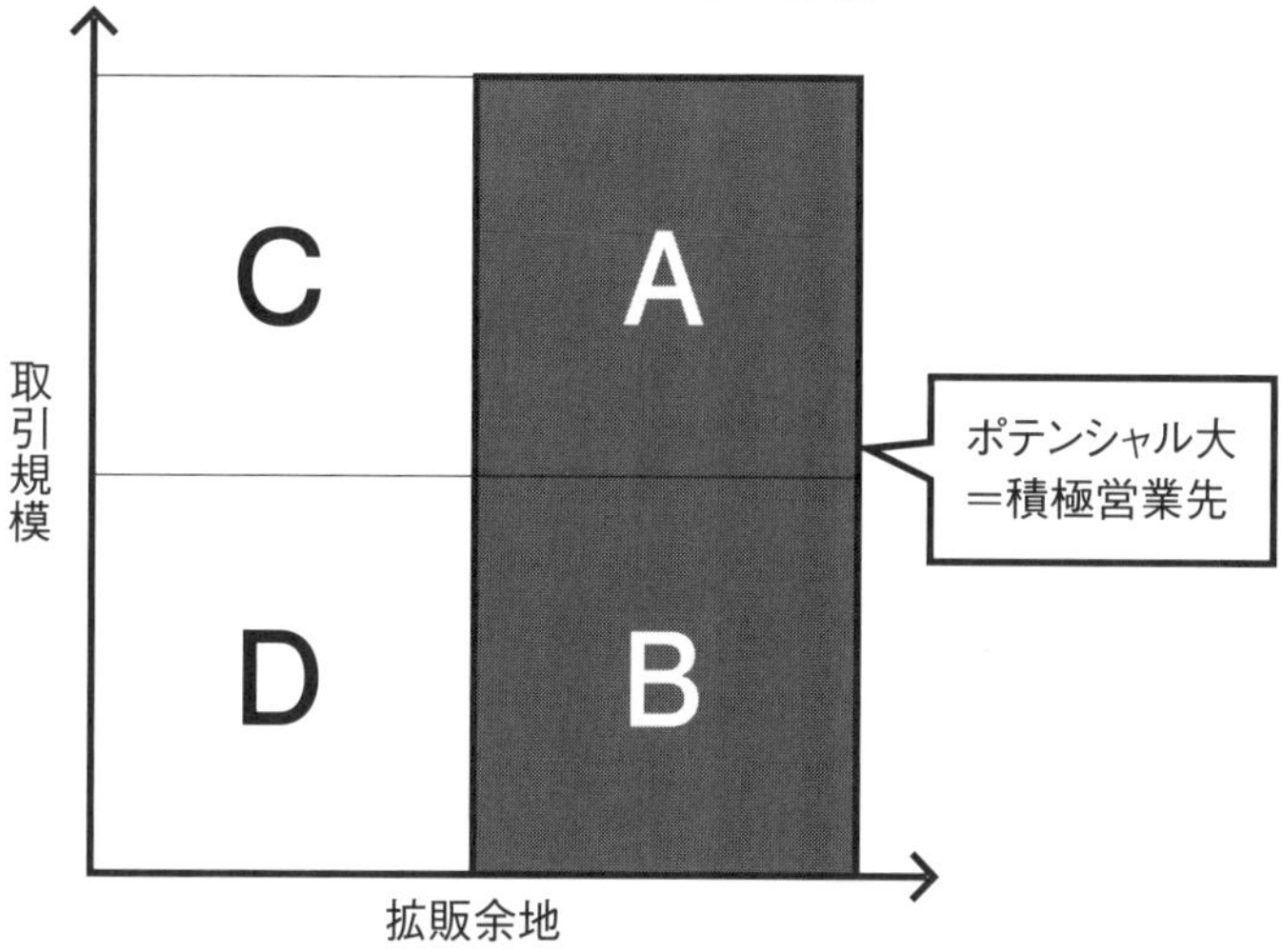

したり、国内だけでなく海外旅行にも行くような、余暇に多くの予算をかけるお客様のほうが、アップセル、クロスセルの提案は承諾されやすいはずです。

要は、ポテンシャルの大きなお客様のほうが、アップセル、クロスセルの成功確率は高まるということです。そこで、ポテンシャルの大きな顧客を優先して営業を仕掛けていくためには、図のようなマトリックスを作成して顧客を振り分けることをお勧めします。

このマトリックスは、縦軸が「取引規模」、そして横軸が「拡販余地」になります。上に行くほど、多くの商品を買ってもらっている顧客、いわゆる主要顧客です。そして、右に行くほど、ポテンシャルの大きな顧客ということになります。そして、このマトリックス図をＡＢＣＤのカテゴリーに分けて、計画的に営業を仕掛けていくのです。何も考えずに営業をすると、どうしてもCやDの顧客に通いがちになってしまいます。なぜなら、多くの商品を買ってもらっていて拡販余地が少ないということは、顧客の仕入れのほとんどをこちらが賄っていることになり、顧客側からすると、非常に頼りになる仕入先だからです。顧客がこちらを頼りにしているため、こちらが急な訪問をしても快く受け入れてくれるし、無理なお願いごとも聞いていただきやすいのです。

逆に、AやBの顧客は、こちらのシェア率が低いため、取引が中止になったところで、顧客にはそれほど大きな影響を与えることはありません。

大きな影響を与えないため、こちらに対する優先順位は低く、こちらの急な訪問に対して「アポを取ってから来てくれ」と言われたり、無理なお願いはいっさい聞いてくれない場合もあります。

要は、CやDの顧客は、こちらが主導権を握っている立場なので話がしやすいのです。しかし、ポテンシャルのほとんど残っていない顧客に通っても、今以上に商品を買ってもらえる可能性は低く、売上げや客単価を上げたいのであれば、やはりAやBの顧客に通わなければならないのです。

拡販する対象先として、AやBの顧客をリストアップして計画的に営業を行なっていく。Cの顧客は取引金額が大きいため、競合の排除を徹底的に行なう。そしてDの顧客は、主には電話営業中心でのフォローに切り替えたりして、営業の効率化を図る対象とするなど、カテゴリー別にそれぞれの営業戦略を設定して活動の濃淡を決めていくことが、客単価アップにつながります。

そして、そのカテゴリー分けをするためには、顧客のポテンシャルを把握する必要があり、その情報を常に探っていく必要があるのです。

3 ポテンシャルを探るトークテクニック

ポテンシャルのあるターゲット先を狙うことが、客単価をアップさせていくうえで有効なことは十分にご理解いただけたことと思います。しかし、ポテンシャルを把握したうえで営業をかけることができれば有効なことはわかっていても、「どうすれば、ポテンシャルを把握することができるのか？」と考えたあなたに、ポテンシャルの計測方法について少し解説させていただきます。

ポテンシャルを計測するうえで、まず重要なことは**「仮説を持つこと」**です。「仮説を持つ」というのは、外部データである程度のポテンシャルを推測しておくことです。たとえば、広告代理店であれば、顧客の売上高、業種などからある程度、どの媒体を使って、どれぐらいの予算を広告宣伝費にかけているかは予想することができます。

他にも、メーカー、商社なども、売上高や従業員規模で、ある程度の取扱い量の推測はつくはずです。システム会社やコンサルティング会社などは、企業規模に加えて投資余力があるかないかを判断するために、自己資本比率などを確認することも有効です（ただし、情報が入手できるのは上場企業に限られる）。また、少し特殊な業界として医療機器メーカーなども、取引先の医院や病院の患者数・病床数などで、ある程度は推測はつくのではないでしょうか。

このような外部データから、ある程度の仮説を立てることをお勧めします。そして、次にその仮説が正しいかを確認するために**「お客様にヒアリング」**をします。なぜ、先に仮説を持つことをお勧めするかというと、お客様の言葉に惑わされないようにするためです。

お客様にお会いして、予算などのポテンシャルを確認しても、その情報が正しいとは限りません。当然ですが、お客様は常に営業マンを警戒しています。「何か売りつけられるのではないか」という不安から、ありのままの情報を伝えることは、相当な信頼関係が築けない限り期待できません。

ですから、お客様が常にすべてを話すはずがないという前提でヒアリングをしていかなければならないのです。たとえば、仮説もなくポテンシャルを確認すると、次のような失敗に陥ることになります。

営業「御社は毎年、○○にかけるご予算はいくらぐらいでしょうか」
お客「そうだね。３００万円ぐらいかな？」（ちょっと少なめに言っておこう……）
営業「３００万円が上限ということですね、それでは、その予算内で、何か弊社がお手伝いできることはないでしょうか」

お客様は、常にできる限り安く購入したいと考えています。そして、あまり予算がないことを営業マンに伝えると、多少は値引きをしてくれるのではないか、と期待しています。そんな心境もあり、思わず営業マンにはウソをついてしまうことはよくあります。

しかし、そのような情報を正しい情報として認識してポテンシャルを算出してしまうと、誤ったポテンシャルが算出されてしまいます。それを防ぐために、仮説を持ってポテンシャルを確認することが重要なのです。

仮説を持つと、先ほどの会話は次のようになります。

営業「御社の企業規模ですと、毎年○○にかけるご予算は500万円ぐらいではないですか?」

お客「いや、いつも400万円ぐらいだよ……」

営業「そうですか。では、このご予算内で弊社が何かお手伝いできることをご提案させていただきたいのですが」

このように、先に仮説を提示することで、顧客の本音を引き出しやすくなるのです。そして、多くの方は気づかなかったと思いますが、この会話には実はあるトークテクニックが盛り込まれているのです。どのようなトークテクニックかというと、相手が思わず本音を話してしまうトークテクニックです。これは、**「サトルクエスチョン」**というテクニックです。

それでは、この「サトルクエスチョン」がどのようなものかをお伝えします。

4 サトルクエスチョン開発秘話

「サトルクエスチョン」とは、コールドリーディングの手法のひとつで、相手に質問していることは悟られないように情報を入手する技術です。

コールドリーディングとは、「コールド」＝「事前の準備なしで」、「リーディング」＝「相手の心を読む」というテクニックです。よくニセ占い師やニセ霊媒師が相手を信用させるための話術として使っているもので、相手に「私はあなたのことをよく知っている」＝「よき理解者」と信じ込ませることで信頼を得ていく話術です。

ニセ占い師やニセ霊媒師は、相手の過去や悩みを知っているわけではなく、相手からうまく情報を引き出して、あたかも言い当てているように演出しているのです。たとえば、

ニセ占い師「あなたは最近、人間関係で悩んでいませんか？」

A氏　「なぜ、それを知っているのですか？　最近、ちょっと上司とケンカをしてしまいまして……」

というように、「最近」「人間関係」のようなあいまいな表現を使うことによって、あたかも言い当てているような演出をしながら、相手から上司とケンカしているという情報をうまく引

き出しています。「最近」という言葉は、昨日のことなのか先月のことなのか、あるいは半年前のことなのか、はっきりしないし、「人間関係」という悩みについても、誰でも思い返せばひとつや2つ、人間関係でうまくいっていないことがあるはずです。

このような質問を駆使しながら、あたかも言い当てているように演出しながら、相手からうまく情報を引き出していく技術がコールドリーディングなのです。

先ほどのサトルクエスチョンは、コールドリーディングの技術のひとつで、**「間違ったことを訂正してしまう」という、人間の心理をうまく利用して情報を得ていく方法**です。

私は営業マン時代、このトークテクニックを駆使して、聞きづらい相手の本音を聞き出していました。しかし、このトークテクニックにたどり着くまでには、非常に苦い経験を何度もしてきました。そして、悩んで悩んで悩みぬいたあげく、ようやくたどり着いたトークテクニックが、このサトルクエスチョンだったのです。その開発秘話を、少しお話しさせてください。

当時、私はあることで悩んでいました。すでにお伝えしたように、私の前職の業務は融資業務でした。銀行ではなく、ノンバンクという業界で企業に融資を行なっていました。

ノンバンクも金利が高いとはいえ、すべてに無担保・無保証で融資をするかというとそうではなく、保証人に保証をしてもらって融資をするケースがありました（保証をもらって融資をするケースのほうが多かった）。

そこで、保証人つきの融資となれば、審査のためにいろいろと保証人の属性情報を確認しなければならなかったのです。私は、その属性情報を確認することが苦手でした。

それは、ある属性情報を確認すると、保証人が怒り出し、契約が破棄になることがあったからです。保証人から属性情報を聞き出す時は、電話でアンケートと称して聞き出すことがほとんどでした。

当時は即日融資を売りにしていたし、融資を依頼してくるお客様も、今日・明日中に資金が必要というお客様が多く、いちいち保証人に会いに行っている時間がなかったためです。その電話アンケートで、保証人の属性情報を確認するのです。

名前、住所、電話番号、生年月日、不動産所有の有無、勤務先、年収などを一つひとつ聞いていくのです。そして、私がヒアリングするのが、最も苦手としていた項目に差しかかります。

そう、私が最もヒアリングを苦手としていた項目とは、「家族構成」の聞き込みだったです。

名前や住所、電話番号、次から次へと属性情報を聞き出した後、家族構成を聞き出すことになるのです。

私　「あの〜、ご家族構成を教えていただいてもよろしいでしょうか？」

保証人「……」

私　「あの〜、ご家族構成ですが……」

保証人「何で、そんなことまで話さないといけないの？　保証するのはオレでしょ？　何で家族のことまで話さないといけないの？　それだったらもういい！　保証人はしない！」

私　「えっ、いや、あの……」
保証人「（ガチャ！　ツーツー）」
私　「（え〜、また、融資キャンセルになっちゃうの？……契約逃したことを言ったら、また部長にゴリ詰めされるよなぁ〜……）」

このような失敗を、何度も繰り返していました。なぜ、家族構成を聞くと怒り出したかというと、融資先が銀行ではないノンバンクという業界であったため警戒心が強く働いたことと、家族には内緒で保証人になるという方が多かったからです。

家族には迷惑はかけたくないという思いから、「家族」というキーワードに敏感に反応したのだと思います。しかし、この項目を聞き出さなければ、融資の審査に申請することができません。正直、困りました。「どうすれば、うまく聞くことができるのだろう」「どのように聞けば、うまく話してくれるのだろう」と悩んでいたのです。

何の解決策も見つからないまま、また保証人のアンケートを聞く日がやってきました。また、家族構成を聞くと怒り出すのではないかという恐怖に怯えながら、名前、住所、電話番号と順番に聞いていったのです。そして、ついに家族構成に差しかかりました。

「どうすればいいんだ、どうすればいいんだ」と悩みながらポロッと出たひと言、それがサトルクエスチョンだったのです。

私　「あの〜、ご家族構成ですが……（また、怒り出すかなぁ……。どうすればいいんだぁ

～）」

私　「え～っと、4人家族で、お子さんは長男・次男さんでよろしかったでしょうか？」

保証人「いえ、長男・長女ですよ」

私　「（あれっ？　簡単に聞けた？）」

人は、**間違ったことを思わず訂正してしまう心理**があります。この心理をうまく活用すれば、相手があまり話したがらない情報も、うまくヒアリングすることができるのです。これは、相手に警戒されることなく、情報が獲得できるトークテクニックなのです。

お客様のポテンシャルを聞き込む場合、警戒心から相手が嘘をつく可能性は十分にあります。そのウソに惑わされないようにするために、サトルクエスチョンというトークテクニックを使って、お客様の本音を探らなければならないし、サトルクエスチョンを使うためには、事前に仮説を用意しておくことが重要です。

このような、トークテクニックを使いこなすことができるようになれば、あなたのポテンシャル分析もかなり精度の高いものになるはずです。

5 新規・休眠客の中から見込み客を選別する方法

まずは、既存客のポテンシャル分析を行なって、シェアアップ・売上アップを図っていくのですが、既存客のポテンシャルを計測すると、目標を十分に満たすだけの予材が出てこないということがあるかもしれません。

ポテンシャルを計測したとしても、シェア100%を確保することは、今の競争環境の中では非現実的だし、何らかの事情で、この案件だけは当社にリプレースする可能性は0に近いということもあると思います。

客単価のアップで、まだ予材量を確保できないのであれば、次は客数のアップに着手していくことになります。客数のアップとは、新規開拓や休眠開拓を行ない、顧客の数を増やしていくということです。客数のアップというと、すぐに新規開拓を想像してしまいますが、休眠客も忘れてはならない存在です。

休眠客とは、過去に一度取引はいただいたものの、その後取引が遠ざかってしまっている顧客です。多くのケースが、「クレームが発生した」「取引額が小さい」「取引額が大きくなる見込みがない」「シェアを奪えない事情がある」などで、放置されているお客様です。

いずれのケースにせよ、ネガティブな理由で疎遠になっている可能性が高いため、営業マンも積極的には営業をしたがらないお客様です。しかし、時が経てば状況が大きく変化している可能性があるし、決裁者・購買担当者が変わって、方針が変わっている可能性があります。

そして、もうひとつ言えることは、営業マンは思い込みの激しい人も少なくないため、お客様に対して肌が合わないというだけで、拡販の見込みがないと判断したり、なかには、拡販の提案をして、一度断られただけで見込みなしと判断する営業マンもいます。

勝手な思い込みで、見込みなしと判断されたお客様はまさに宝の山であり、この休眠客を放置するということは、資産をドブに捨てているのと同じことなのです。ほとんど動きのなかった顧客が、担当を変更することによって、急に予材が出てくるのと同じように、休眠客も先入観をなくして営業すると、予材はまだまだ出てくるものです。

そして、休眠客は過去に一度取引をしていただいている顧客です。一度取引をしていただいていている実績は、営業活動において大きなアドバンテージになります。

営業活動には3つの壁があり、その一つひとつを営業マンの力によって取り除いていくことによって、受注・契約へとつながっていくのです。この3つの壁とは、お客様はあなたが話をしても、「聞かない」「信じない」「行動しない」という壁のことです。

なかでも、最も厄介なのは「聞かない」のプロセスであり、新規開拓でこちらの話に耳を傾けさせることに、ほとんどの営業マンが苦心しているのではないかと思います。そのなかで、一度取引実績があるという事実があれば、「聞かない」という壁を取り除くことができるし、相手が担当変更などで記憶していなくても、取引実績があった事実を有効に活かすことができれば、商品を採用するかどうかは別として、話を聞かせることは、新規開拓に比べるとかなり楽にできるはずです。このメリットを活かさないという選択肢はありません。

それでは、ここで新規開拓や休眠開拓における重要なポイントをお話ししたいと思います。

新規開拓や休眠開拓の重要なポイントとは、どのような顧客をターゲットとすべきか、ということです。それを考えるうえで、まずはあなたにとっての理想の顧客とはどのような顧客なのかを想像してみてください。

おそらく、あなたにとって理想の顧客とは、「向こうから声をかけてくれる」「こちらの言うことを聞いてくれる」「値引きを要求してこない」などというのが、理想の顧客ではないでしょうか。このような理想的な関係を築くことができれば、あなたの営業活動は非常に楽になるはずです。

では、このような理想的な関係を築くためには、どのようにすればいいのでしょうか？ それを解く鍵は、医者と患者の関係性の中にあります。医者や病院は、患者に「いい薬ができましたので、病院に来てください」などといって集客することはありません。体に問題を抱えた人が、自らの意思でやって来ます。

そして、患者は医者の言うことをよく聞きます。「この薬を飲んでください」という医者の指示に対して、言うことを聞かない患者はいないでしょう。また、出された薬を「ちょっとこの薬高いから、もう少し安くしてよ」と、値切る患者もいないでしょう。そうです。医者と患者の関係こそ、あなたが理想とする関係そのものなのです。

では、営業とお客様の間で、どのように医者と患者の関係性を構築すればいいのかというと、その関係性を築くまでのプロセスをそのまま真似することなのです。医者と患者の関係性構築

のプロセスは、

①薬がほしい人ではなく、問題を抱えた人が集まる

②病状を診断し、放置するとどのようなことが発生するのかを伝える

③処方箋を出す

というものです。これを営業活動の言葉に変換すると、

①商品がほしい人ではなく、問題を抱えている人を探す

②問題を見つけ、それを放置すると、どのようなリスクが発生するかを伝える

②決策となる提案を行なう

となるのです。

そこで、話は元に戻りますが、「どのような顧客をターゲットにすべきか」について、これまでお話しした理想の関係性をお客様と築くことを前提とすると、その答えは自ずと見えてくるはずです。それは、**「問題を抱えているお客様」**をターゲットにしていくのです。ただし、問題を抱えている人と言っても、どのような問題でもいいというわけではありません。**あなたの商品やサービスによって解決できる問題を持っているお客様を探す**ということです。

6 商品・サービスから、どのような問題解決ができるかを探る

営業の仕事は、医者と患者の関係から考えると、お客様の問題とあなたが提供できる解決策のマッチング作業です。あなたは、プロの視点でお客様にどのような問題があるのかを探し、処方箋を提供しなければならないのです。

しかし、問題に合った処方箋を出すためには、商品のことをよく理解していなければなりません。医者が、薬の効果をよく把握せずに処方箋を出すことはないのと同じように、営業も商品やサービスがどのような効果があるのかを把握せずに提案をすることはあり得ません。

あなたが持つ商品やサービスが、どのような効果を与えるのかを明確に理解していなければならないのです。そして、商品やサービスがどのような効果を与えるかを明確に理解することで、お客様のどのような問題を聞かなければならないかが明確になります。

ただ、医者とは違って、営業の中には商品・サービスにどのような効果があるのかを明確に答えられない人がいます。どのような特徴を持っているかは理解しているのですが、「どのような効果があるのか？」と聞かれると、明確な回答が得られないのです。

そこで、今一度、自社の商品・サービスをよく理解するうえで、ご活用いただきたいフレームワークをご紹介します。それは、「ＦＡＢフレームワーク」です。ＦはFeature（特徴）、Ａ

問題と解決策をマッチングさせる

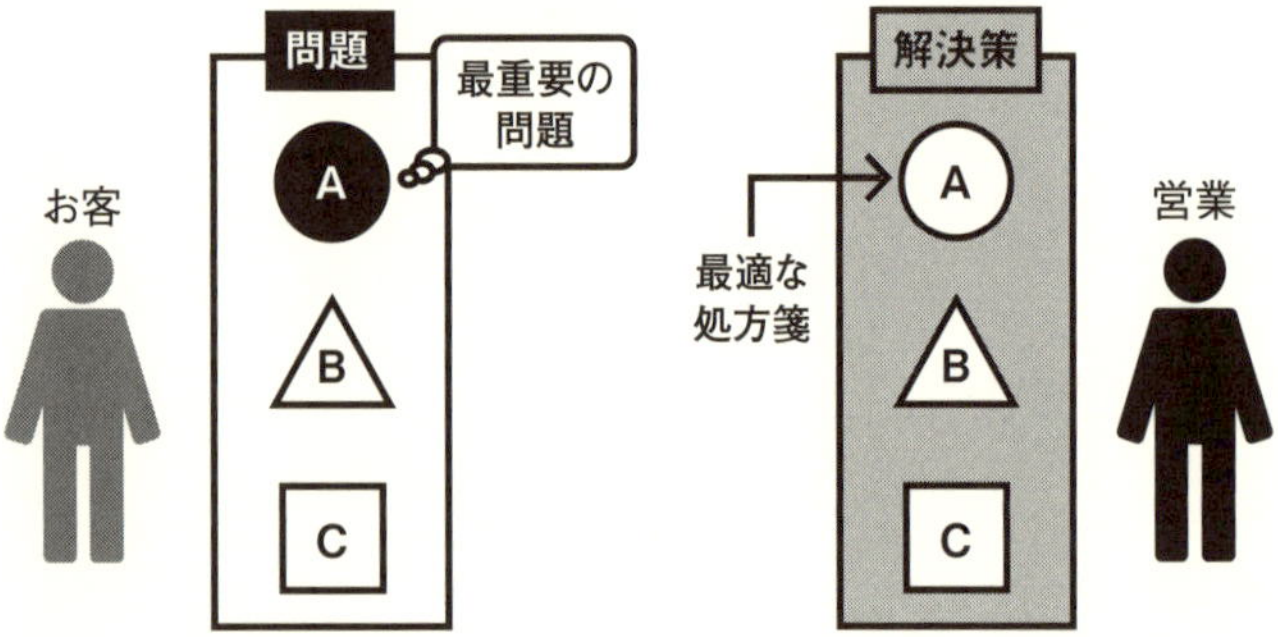

はAdvantage（利点）、BはBenefit（ベネフィット＝便益）の略になります。

あなたの商品やサービスがどのような特徴を持ち、その特徴にはどのような利点があり、その利点はどのようなベネフィットを与えるのかを考えていくのです。利点とベネフィットの違いについては、わかりづらいところがあるので、補足で解説すると、利点とは、商品・サービスが持つ長所で、ベネフィットは、商品・サービスから得られる結果です。

ネットなどで違いを検索しても、さまざまな解釈があるため、かえってわかりにくいものです。あまり深入りせず、利点は単純なメリット、ベネフィットは感情や具体的なイメージが伴う、と理解しておいてください。要は、**2回掘り下げる**という行為自体が大切なのです。

それでは、あなたの商品やサービスを、以下のフレームワークに当てはめて考えてみてください。

「これは（特徴）です。だから（利点）ができます。だから（ベネフィット）ということなのです」

このフレームワークに沿って穴埋めするだけで、あなたの商品やサービスができる問題解決が整理できるはずです。

たとえば、ハイブリッドカーであれば、「これは（低燃費）です。だから（ガソリン代が節約）できます。だから（家計の負担が減り、出費に悩むことがなくなる）ということなのです」となります。

他にも、デジカメであれば、「これは（手振れ補正機能）があります。だから（手振れしても、写真がきれいに撮ること）ができます。だから（写真がきれいに撮れずに何度も撮り直すストレスから解放される）ということなのです」ということになります。

このように、二度**「だから」**で掘り下げることによって、あなたの商品やサービスが解決できる問題点が見えてくるはずです。

この場合の「お客様」とは、先ほどのハイブリッドカーであれば、「毎月の出費に問題を抱えている人」、デジカメであれば、「何度も撮り直すストレスを感じている人」です。

あなたの商品やサービスを、このFABフレームワークに当てはめて、あなたができる問題解決を考えてみてください。おそらく、ひとつの特徴で、いくつものベネフィットが導き出されることもあると思います。いくつものベネフィットを導くことができれば、それだけお客様の問題を解決できる機会が増えるということなので、あなたの売上げを上げる機会も必然的に増えてくるでしょう。

どのような問題を、お客様から聞かなければならないかを明確にするために、このＦＡＢフレームワークを使って、あなたの商品やサービスが持つ解決策を整理してみてください。

そして、問題と解決策を結びつけられる営業になれれば、理想のお客様があなたの周りに増えていき、目標達成が楽になっていくことでしょう。

7章

予材の入れ替えを高速で実施する

1 予材を代謝させる理由

予材管理は、目標の2倍の予材を積み上げて、手数を増やし安定的に目標を達成していく自己管理技術です。この予材というのは一度積み上げてしまえば、それ以降は積み上げる必要がないかというとそうではありません。

営業活動をしていく中で、可能性が低いことがわかればその予材を消して、新たな予材を積み上げていくことが必要になってきます。いわゆる、**「予材の代謝」**をさせていく必要があるのです。常に、同じ予材を保有しているだけではダメなのです。

最初に積み上げた白地予材は、あくまで仮説であり、営業活動を行なう中で、脈があるかどうかは見えてくるはずです。脈がないにもかかわらず、根拠のない希望を持って営業活動をしていても、売上げや利益数字につながることはありません。

予材を2倍積むことが目的ではなく、あくまでも目標を達成させることが目的なのです。目標を達成させるためには、予材を代謝させ、健全な予材を積み上げていくことが必要です。

私は営業において、予材の確度を上げていくことと同様に、この予材を代謝させることも重要だと考えています。

普通の営業マンは、予材が消滅してしまうことを恐れて、お客様から本音を聞き出すことを先延ばしにすることがあります。しかし、トップセールスは、今自分がどのような位置にいるのかをできるかぎり早く知るために、お客様の本音を早く確認しようとします。たとえば、お客様から見積りを依頼されても、凡人営業は言われた通りに見積りを作成します。そして、見積りを提示するまで、本音を確認しません。

トップセールスは、同じような状況に遭遇した時、お客様の断りを恐れることなく、その場で確認をします。「おそらく、この商品だと○○万円ぐらいになりますが、その金額なら購入されますか？」と、ストレートに聞いてしまうのです。

これは、お客様から「Ｙｅｓ」を言わせることも大切ですが、可能性の高い予材に時間を割くために「Ｎｏ」と言わせることも重要だということがよくわかっているからこそ、このような行動に出るのです。

営業で成果を上げるために最も必要なことは、時間管理だとおっしゃる方もいますが、営業における時間管理とは、他の職種とは違い、「ＴＯＤＯリストで仕事を効率的にこなす」や「80％の完成度で仕上げる」ことで業務効率を上げることではありません。

営業においての時間管理は、最も重要な業務（＝営業活動）に時間を割くことです。

つまり、**今、どの顧客に時間を割くべきかを選別すること**です。

脈のないお客様にいくらしがみついていても、買わないものは買わないのです。買わないお客様を説得することに時間を割くよりも、キッパリと見切りをつけて違う予材を開拓したほうが、よほど効率的な営業となります。私も、営業の新人時代、よくこのような勘違いをしていました。

「トップセールスは、トークテクニックでどんなお客様でも説得して買わせることができる」

このような勘違いを元に営業活動をはじめた私は、本当に苦労しました。会うことができるお客様すべてに、同じように営業を仕掛け、買わないのは理解していないからだと何度も説得を繰り返し、熱意をこめればいつかは振り向いてくれると、根拠のない希望を抱きながら営業活動をしていたのです。

結局、お客様から見ると、ただのうっとうしい営業マンにしか見えていなかったと思います。そのような営業では、実績がついてくるはずもなく、1年以上も業績不振者としてのレッテルを貼られ、悔しい思いをしました。

営業で実績を上げようと思えば、説得に時間をかけるのではなく、今必要としているお客様を、いかに見極めて活動の優先順位をつけていくか、なのです。予材が消滅することを恐れるのではなく、どんどん予材を代謝させることによって、予材管理表に記載している予材を健全化していくことが、予材管理の正しい運用方法なのです。

2 予材の見極め基準（白地編）

とはいえ、どのような基準やタイミングで予材に見切りをつけていくのかがわからないというご意見があるかもしれません。そんな方に、予材の見極め基準についてもくわしく解説したいと思います。

予材を見極めるといっても、間違った方法で見極めてしまうと、脈があるにもかかわらず切り捨ててしまうことで、チャンスロスが発生するリスクがあります。また、脈がないにもかかわらず、いつまでも残してしまうことで非効率な営業活動を続けてしまう可能性もあります。

では、何を基準に白地予材を見極めるべきなのかが気になるところですが、この答えは6章でお話しした、医者と患者の関係にも関連してきます。

そもそもニーズとは、なぜ発生するのでしょうか？

人が行動パターンを変えるきっかけはたった2つで、**「嫌な思いをしたくない」**か**「いい思いをしたい」**という感情が働いた時です。たとえば、車を買うのは、ないと不便（嫌な思いをしたくない）と感じたのか、余暇を楽しみたい（いい思いをしたい）と感じたのか、この2つの感情のどちらかだと思います。

家を買うのも、家族が増えて家が狭くなってきたので使いづらい（嫌な思いをしたくない）

と感じたのか、幸せを感じられる空間を得たい（いい思いをしたい）と感じたのか、どちらかの感情が発生したからでしょう。どのような買い物であったとしても、「嫌な思いをしたくない」か「いい思いをしたい」という感情が湧いたからこそ、ニーズが発生したのです。

そして、ＢｔｏＢのビジネスにおいては、「いい思いをしたい」という感情でニーズが発生するよりも、「嫌な思いをしたくない」という感情からニーズが発生するケースが少なくありません。

企業は、個人のように娯楽目的でお金を使うことはありません。投資対効果が得られる見込みがなければ、商品やサービスを購入するという考えには発展しません。ということは、ニーズの源泉は「嫌な思いをしたくない」という感情である確率が高いのです。

そして、もうひとつ言えることは、「いい思いをしたい」と考えてから商品購入に動いたケースでも、実はその「いい思いをしたい」の裏に、「嫌な思いをしたくない」という感情があることがほとんどなのです。

先ほどの車のケースで言えば、余暇を楽しみたいと感じた裏には、休暇に移動手段がなく、余暇を楽しむ選択肢が狭まるのが嫌だとか、家のケースで言えば、幸せが感じられる空間を得たいと感じた裏には、家族に不満を感じさせるのが嫌だという思いが見え隠れしているのです。

そうなのです。人が、商品やサービスを買いたいと思う裏には、「嫌な思いをしたくない」という感情があり、現状に何らかの不満や不安を感じているからこそ、ニーズが発生するのです。ニーズの源泉には、不満や不安、不都合などの**「問題」**が必ず潜んでいるのです。

ここで、白地を見極める基準ですが、白地が今後、仕掛りや見込みに発展していくうえで、お客様が、あなたの商品やサービスで解決できる問題を持っていないのであれば、その白地予材が、仕掛りや見込みに発展する可能性はありません。要は、**「お客様が、あなたが持つ商品やサービスで解決できる問題を持っているかどうか」**が、白地予材の見極め基準となるのです。

お客様のところに行って、問題を解決しようとしているかどうかは別として、**問題を持っているのであれば白地確定、問題を持っていないのであれば予材から削除**して、新たな予材を積み上げていくのです。ただし、この基準で見極める際に気をつけていただきたいことが2つあります。

ひとつ目は、お客様が問題を持っていないことと、お客様が問題に気づいていないことは同じではないということです。問題に気づいていないのであれば、あなたが気づかせる必要があるし、予材を削除すべきではありません。問題に対して「対処ずみである」や「対処する必要がない」ことが、問題を持っていないことに該当するのです。

また2つ目は、話を聞く相手を間違えると、正しく問題の有無を捉えられないケースがあります。これは、ＢtoＢのビジネスでよくあることですが、工場に中間財を販売している営業マンが、購買担当者に話を聞いても工場の問題を確認することができず、価格の話ばかりになることがあるし、営業支援システムを販売している営業マンが、システム担当者に話を聞いても問題が把握できないことがあります。

このように、話を聞く相手を間違えてしまうと、問題があるにもかかわらず、問題がないと伝えられ、認識を誤るケースがあるので気をつけてください。ですから、キーマン（決裁者や実際にあなたの商品を使う人）に話をしたうえで、問題があるのかないのかを正しく判断するようにしてください。

このような注意点を加味しながら、「問題を持っているかどうか」を基準にして、白地予材として残していくべきかどうかを判断し、代謝させていくことで予材の健全化が図れるようになります。そして、予材が健全化していくほど、予材管理表に残された予材はあなたの宝の山となっていくのです。

3 「今の業者で間に合っている」という断り文句への対処法

白地予材を確定させていくために、お客様が問題を抱えているかどうかを確認しなければなりません。しかし、いつも簡単にお客様が問題を抱えているかどうかが確認できるわけではありません。とくに新規客の場合は、問題を抱えているかどうかの判断がしづらい断り文句があります。

その断り文句の代表格といえば、**「今の業者で間に合っているので」**という断り文句です。

この断り文句だと、本当に今の業者で対応することができるのか、それとも本当は対処できないのかがわかりづらいところです。

この断り文句については、ほとんどが対処するのが面倒だから出てくる言葉であり、真に受けてはならない言葉です。しかし、この断り文句を言われてしまうと、相手が問題を抱えているのかどうかが、いつまでもわからない状態になってしまいます。そこで、このよくある「今の業者で間に合っている」という断り文句への対処法についてお話をしておきます。

まず、ひとつ目の対処法は**「逆に、ほめてみる」**という対処法です。

営業の中には、競合の商品やサービス・会社を否定して問題を喚起しようとする人がいます。しかし、競合を否定することは、逆効果になることが少なくありません。なぜなら、その競合を選択したのが、あなたの目の前にいる担当者かもしれないからです。

自分が下した判断を、他人から否定されるほど気分の悪いものはありません。しかも、それがまったく見ず知らずの営業マンだと、怒りも「ひとしお」です。あなたが競合を批判することで、あなたの話に耳を貸さなくなる可能性が非常に高くなるのです。

そこで、試してみていただきたいのが、競合を批判するのではなく、あえて**「競合をほめる」**ということです。たとえば、次のようなトークです。

お客「うちは、○○さん（競合）で十分に間に合っているから」

営業「そうですか！　○○さんをお使いなのですね。それなら、おそらく何もご不満はないで

すよね、あの会社、非常に評判高いですからね」（※若干、大げさに話すのがポイント）

お客「いや、そこまででもないけど。○○については、満足いくものではないし」

と、ついついその意見を否定してしまうことがあるのです。競合を使っていることをほめることによって、相手から問題を話してくれることがあり、そこで出た問題点について話を掘り下げていくのです（ちなみに、どの業者を使っているかを確認する方法は、6章で解説したサトルクエスチョンを用いると効果的）。

そして、問題点を聞き出すもうひとつの方法があります。そのトークテクニックとは**「布石話法」**というものです。この布石話法は、先ほどの「逆にほめる」という手法よりも、さらに強力です。

どのような方法かというと、**相手が断り文句を言う前に、先にその断り文句を潰してしまう方法**です。「今の業者で間に合っている」と相手に言われる前に、この断り文句が言えないように布石を打つのです。具体的には、このような感じです。

「最近、この近辺をよく営業で回らせていただいているのですが、今の業者で間に合っていると言われる方のほとんどが、取引条件を見直すことで今よりも安くなったり、もっとよいサービスを受けることができるのを知らずに損をされています。ごぞんじでしたか？」と、相手が断り文句を言う前に言ってしまうのです。

先に布石を打っておけば、相手はもう「今の業者で間に合っている」とは言えなくなります。

もし、それでも「今の業者で間に合っている」と言ってしまうと、「そうです。あなたのような方なんです」と言われてしまうからです。断られる前に、先に布石を打っておくことで、よくある断り文句を封じ込めてしまうことができるのです。これは、かなり強力なトークテクニックです。相手の断り文句にいつも苦労されている方は、ぜひこの布石話法を活用してみてください。

おそらく、この布石話法を使いこなせるようになれば、断り文句に困ることはなくなるはずです。そして、断り文句の障害を取り払った後は、お客様が問題を抱えているかどうかを確認するだけです。

4 予材の昇格基準（仕掛り編）

次に、白地予材から仕掛り予材への昇格基準について解説します。白地予材は、お客様が問題を抱えていることがわかれば白地確定、問題を抱えていなければ白地から削除という基準で予材の健全化を図ります。

そして次に取りかかるのは、その白地予材がどのような基準を満たしたときに、仕掛りへ移行させるべきなのか、ということです。仕掛りとなると白地とは違って、ある程度数字が見込めるレベルにしておかなければなりません。では、どのような基準を満たせば、その予材が、数字が見込めるレベルと認定できるのでしょうか？

お客様があなたの話を聞いていても、最終的には「検討しておきます」と体のいい断り文句で逃げられることもあり、なかなかお客様の本気度が計れないことがあります。ただ話を聞きたいだけの〝冷やかし〟なのか、営業されることを恐れることからの言葉なのかがわかりづらいのです。

そこで、お客様の本気度を計る物差しとして、**「話が具体的か」**を活用していただきたいのです。**具体的な話を聞くことができれば、白地を仕掛りに昇格する、**としていただきたいのです。

「話が具体的である」とは、**「4W2Hが明確」**ということです。この4W2Hとは、What（何）、Who（誰）、When（いつ）、Where（どこ）、How to（どのように）、How much（どれぐらい）のことです。

たとえば、研修を企画している営業の場合、コミュニケーション促進の目的で（何）、管理職が（誰）、11月頃（いつ）、近隣で（どこ）、一泊二日の研修形式で（どのように）、300万円程度の予算で（どれぐらい）、という詳細情報を確認することができれば、〝冷やかし〟ではなく、非常に高い可能性で研修を検討しているはずです。

他にも、コピー機の販売をしている営業であれば、コスト削減の目的で（何）、○△株式会社が（誰）、リプレースの12月の時期に（いつ）、全社のプリンターを（どこ）、一斉に変更

（どのように）、1000万円の予算内で（どれぐらい）、まで聞くことができれば、本気度はかなり高いと言えるのではないでしょうか。

ただ、もう少しスピーディーに予材を見極め、できれば〝冷やかし〟客ではなく、可能性の高いお客様に時間を割いていきたいと考えた方に、もうひとつ補足情報を付け加えておきます。

4W2Hの中でも、お客様の本気度を見極めるのに最も効果的な項目があります。それは、「How much（どれぐらい）」と「When（いつ）」です。

具体的に言うと、**「予算」**と**「タイミング」**を聞き込むことによって、お客様の本気度を容易に計測することができるのです。

「仮に、この問題を解決するために具体的に動くとすれば、いつ頃でしょうか？」

「その時のご予算は、いくらぐらいをお考えでしょうか」

と予算とタイミング（購入時期）を確認した瞬間のお客様の反応によって、〝今すぐ〟客なのかそうでないのかを見極めるのです。

本気で考えている人は、タイミングが先になることはあるにしても、期日を具体的にイメージしています。予算も、おおよその金額は想定しています。多少、大まかなところはあるにせよ、これで具体的な予算とタイミングが出てきます。

逆に、冷やかしのお客様はただ情報を得たいだけなので、どれぐらいの予算、どれぐらいのタイミングと言われても、具体的な答えは出てきません。むしろ、急に予算とタイミングを聞かれたことに驚き、非常にあいまいな返事をします。この反応によって、白地に保留しておくのか、仕掛りへ昇格させるのかを決めていくのです。

また、この予算とタイミングが決定しないお客様は、予材から削除ではないかと思われたかもしれませんが、その判断はまだ早すぎます。問題はあるものの、予算とタイミングが決まらないお客様は、次の2つの状態にカテゴリー分けすることができます。

①問題があることはわかっているものの、問題の深刻さを理解できていない

②決定権がないために答えられない

①に対しては、問題は認識しているものの、まだ対処する必要はないと考えているお客様です。このようなお客様には、問題を放置していると起こるリスクなどを話し、様子を見ます。

②は、決裁権のあるキーマンとの接触を試みることが重要です。もし会えないのであれば、担当者が決裁者に説明できるような取り計らいが必要になるかもしれません。

ただし、ある程度の期間を設けて、①、②の状況が変化しないようであれば、その予材を見極めて、新たな予材の積み上げをしたほうが賢明です。

5 「予算を聞くのは失礼」という勘違い

白地予材から仕掛り予材にランクアップさせる基準として、予算とタイミングとお伝えしま

したが、「そんな簡単に予算なんか聞けないよ……」と思われた方がいるかもしれません。なかには、「お客様の予算を、そんなに早い段階から聞くなんて失礼じゃないか」と感じた方もいるかもしれません。

しかし、予算を聞くというのは決して失礼なことではありません。私から言わせると、早い段階で予算を聞かないほうがよほど失礼です。予算を確認せずに提案書を作成しても、その提案した金額がお客様の想定している金額からかけ離れていたら、お互いに時間のムダになってしまいます。たとえ10分や20分だったとしても、時間をムダにされて喜ぶ人はいないからです。

「提案前に予算を確認する」——たったこれだけで、お互いの時間がムダになってしまうことを回避できるにもかかわらず、それをせずに二度三度とムダな提案をしている営業マンは後を絶ちません。なぜ、予算を確認することができないのでしょうか？　その背景には、お客様への恐怖があります。

断られる恐怖が、「予算を聞いてしまうと、お客さんから嫌われてしまうのではないか」というイメージを増幅させ、確認を後回しにさせているのです。そこで、そのような恐怖に打ち勝つために、お客様からうまく予算を聞き出すためのトークテクニックをひとつご紹介します。

そのテクニックとは、**「理由づけ」**という方法です。理由というのは、相手が思わず承諾してしまう、絶大な威力を発揮します。

理由が、人を承諾させるのに、どれぐらいの影響力を持つのかを実験した事例があります。

有名な話なのですが、コピーを取っている人に対して、先にコピーを取らせてもらうことを承諾させる実験です。コピーを取っている人に対して、まずこのように伝えて、どれぐらい承諾をもらえるかを試してみました。

「すみません。先にコピーを取らせてくれませんか？」

この時の、相手の承諾率は60％です。そして、次は理由をつけて相手の承諾を促してみたのです。

「すみません。**急いでいるので、**先にコピーを取らせてもらえませんか？」

この時の相手の承諾率は、何と**94％にまで跳ね上がりました。**相手にお願いをする前に、「急いでいるので」という理由をつけることによって、承諾率が飛躍的に上昇したのです。そして、さらにこのような伝え方も試してみました。

「すみません。**コピーを取りたいので、**先にコピーを取らせてもらえませんか？」

と言ってみたのです。そのときの承諾率は93％でした。

人は、理由を伝えられると、思わず承諾してしまう心理があります。相手からの承諾を得るために、「〇〇について教えていただけますか？」ではなく、「△△なので、〇〇について教えていただけますか？」と理由を付け加えることで、承諾される可能性が飛躍的に上がるのです。

そして、しっかりした理由ではなく、〝理由らしきもの〟であったとしても、その影響力は強烈に発揮するということが、この実験から明らかになりました。

したがって、相手から予算のことを確認するのが苦手という方は、この「理由づけ」の力を利用していただきたいのです。たとえば、このような感じです。

「見当違いの金額のご提案をしてしまうと、○○様の貴重なお時間をムダにしてしまうことになるので、大まかな予算感だけでもお伺いさせていただいてもよろしいでしょうか？」

おそらく、相手に断る理由はないはずです。予算だけではなく、営業のあらゆる場面で、この「理由づけ」という手法は役に立ちます。そして、何かにつけて理由を伝えられるようになれば、営業マンとしてかなりの実力がついていくはずです。ぜひ、このトークテクニックを活用してみてください。

そして、予算やタイミングを早期に確認することで、予材の代謝スピードを高速化させて予材の健全化を図っていってください。

8章

新時代のトーク技術「ハードコミュニケーション」

1 新規開拓が必須になる時代

では、ここからは新規開拓におけるトーク技術についてお話をしたいと思います。なぜ、営業でのトーク技術ではなく、新規開拓に絞ったトーク技術をご紹介するのかというと、今後、多くの企業で新規顧客を開拓することが必須の時代となるからです。

日本国内の市場は、今と状況が大きく変化しない限り、縮小の一途をたどります。なぜなら、人口減少の問題があるからです。人口が減少すると消費が減り、消費が減ると、必然的に需要が小さくなります。

需要が小さくなれば、企業は売上げを確保することが難しくなり、売上げを確保することが難しくなれば、利益を確保することができず、従業員に払う給与も少なくなります。従業員に払う給与が少なくなれば、さらに消費が減るといった、最悪のスパイラルに陥ってしまうのです。そして、人口減少の問題だけでなく、製造拠点の海外移転が進んでいることも国内市場の縮小につながります。

これまで、日本国内で製造して輸出していた企業が、円高の影響から、現地で生産して現地で売る、ということをしはじめたのです。そうすると、これまで海外向けに製造していた商品が国内で生産されなくなり、日本国内の下請企業が仕事を失っていくことになるのです。

国内の市場規模が縮小すれば、必然的に取引先からの仕事量も減り、今のお客様だけでは、これまでと同じような売上げを維持することはできなくなります。そこで今度は、「生き残りをかけて何をしなければならないか」ということになってくるのですが、客単価が減っていくのであれば、客数をアップさせていくしかなくなります。

要は、新規開拓で客数を増やしていくことが必須の時代となっていくのです。そこで、このような厳しい時代の中、営業マンとしてどのような企業からも必要とされる人財となっていただくために、新規開拓に絞ったトーク技術をお伝えしたいと思います。

そして、8章のタイトルにある「ハードコミュニケーション」とは、いったい何かと思われた方がいるかもしれませんが、このハードコミュニケーションとは、私がテレアポ営業をしていた時代のトーク技術を元にしたノウハウです。

本当は、あまり書籍で公開したくないというのが本音です。というのは、内容を読んでいただくと、若干、私の人格を疑われるような内容も盛り込まれているからです。「詐欺師」、あるいは「ペテン師」――このような印象を持たれる方も、なかにはいるかもしれません。しかし、そのようなリスクを犯しても、本書をご購入いただき、ここまで読み進めていただいたあなたへのお礼として、このノウハウを提供したいと思っています。

このノウハウは、商工ローンバッシングの影響で、社名を伝えただけで電話を切られるほど、劣悪な環境下で培ったテクニックです。1日200本というテレアポ営業を毎日こなし、その電話の99％で、「二度と電話してくるな！」「お前のところから借りるか！」「いるかバカ！」などといった罵声を浴びながら得たトーク技術なのです。

99％断り文句を浴びる環境の中で、何を言えば相手がどう反応するのかを仮説・検証しながら培ったトークなのです。劣悪な労働環境ではありましたが、今振り返ると、ここで培った知識・ノウハウが今の私の財産となっていることは間違いありません。

2 断りの本当の意味をごぞんじですか？

新規開拓において、まずクリアしなければならない関門といえば、ファーストアプローチです。お客様に、どのようにして耳を傾けさせるか。ここが、まず第一の関門になります。

新規開拓では、多くの営業マンがお客様に話を聞いてもらうことができずに、「必要ない」「結構だ」「興味ない」という断り文句にへこみ、やる気を失っています。実は、新規開拓のアプローチでは、この最初のステップが最も難しいのです。

とはいえ、難しいからと言って諦めていいたのでは、新規開拓などできるはずがありません。そこで、本章ではファーストアプローチについてのトークスクリプトの設計方法についてお話ししたいと思います。

まず、相手に耳を傾けさせるためには、お客様がどのような購買心理をたどって、商品やサービスを買うという行動を起こすのかを知る必要があります。有名な購買心理のステップとして、「AIDMA（アイドマ）」や「AISAS（アイサス）」というものがあります。

AIDMAとは、A（Attention：注意）→I（Interest：興味）→D（Desire：欲求）→M（Memory：記憶）→A（Action：行動）という流れで、お客様の購買心理が進んでいくという考え方です。

AISASは、A（Attention：注意）→I（Interest：興味）→S（Search：検索）→A（Action：行動）→S（Share：共有）というもので、インターネットでの購買心理のステップを表現したものです。

世の中には、さまざまな購買心理を表現するステップがあるのですが、私は飛び込み・テレアポのような新規開拓を行なううえで、最もしっくりくるお客様の購買心理のステップは「**AUMFA**（アウムファ）」だと考えています。

AUMFAとは、A（Awake：感情の喚起）→U（Understand：理解）→M（Memory：記憶）→F（Fade：葛藤の解消）→A（Action：行動）という購買心理のステップです。

私は、この中でも「葛藤の解消」というプロセスがあるのが、まさに新規開拓におけるお客様の購買心理を反映しているように思えます。これまで取引のない新規顧客は、商品を購入するという意思決定を行なうまでに、必ず一度、葛藤する瞬間があるのです。だからこそ、新規開拓でのステップに、これが最もフィットしているのではないかと思えるのです。

顧客の購買心理ステップ

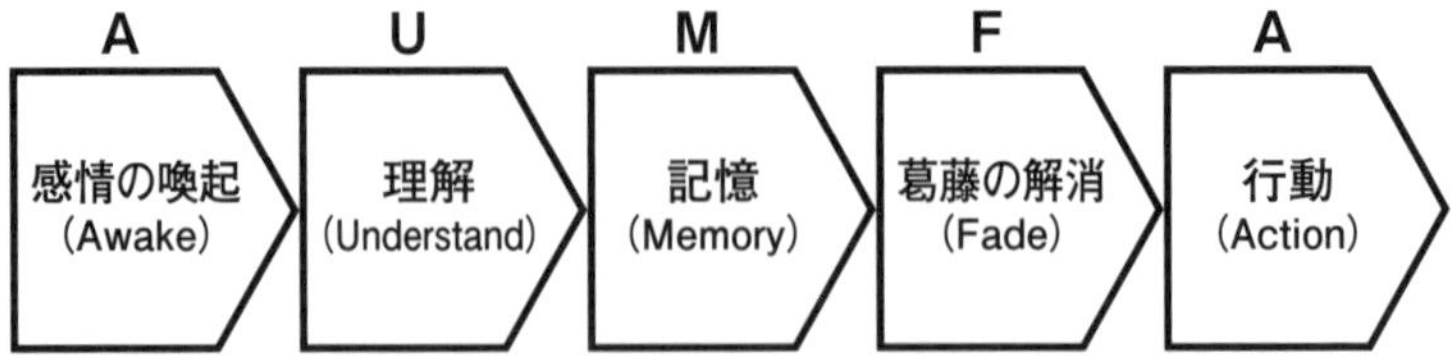

では最初に、「感情の喚起（Awake）」のステップからいきましょう。相手に耳を傾けさせるためには、まず何を話さなければならないのでしょうか？

多くの営業マンが、新規開拓においてまず最初に伝えるべきことを間違えています。その間違いとは、既存客に対する営業トークとまったく同じように、新規客に対して営業してしまうことです。実は、既存客に対する営業トークと新規客に対する営業トークはまったく別物なのです。

このことを知らずに、既存客と同じような営業トークをしていても、新規客を振り向かせることはできません。

おそらく、既存客ばかりを相手にしていた営業マンは、営業トークに関して、次のように教えられていたと思います。それは、「お客様には、商品のメリットを話せ」ということです。

しかし、この方法は既存客には効果を発揮するかもしれませんが、初対面の新規客に対しては通用しません。商品のメリットを話しても、相手には売り込みにしか聞こえず、結局

「必要ない」と断られることがほとんどなのです。

ちなみに、新規開拓でお客様が「必要ない」「必要ない」と言いますが、この「必要ない」は何に対して必要ないと言っているのでしょうか？　このような質問をすると、多くの方がこのように答えます。

「商品に対して必要ないと言っている」と。

しかし、違うのです、商品に対して必要ないと言っているわけではないのです。それでは、何に対して必要ないと言っているのでしょうか？　そうです。**営業に対して必要ないと言っているのです。**営業されることが必要ないと言っているのです。

そのようなお客様に対して、商品のメリットをいくら話したとしても、耳を貸してくれるはずがありません。商品ではなく、営業に対して必要ないと言っているのですから。では、この時に何を話せばいいのでしょうか。

その答えは、この時点でのお客様の心理をよく考えてみると、自ずと答えは見えてきます。この「必要ない」と言っている時点で、お客様の心理は次の2つなのです。

ひとつは、「売りつけられるのではないかという不安」。そしてもうひとつは、「もう、今のままで十分満足している」という思いです。そこで、まずこのような考えを持っているお客様に対して、何を話さなければならないかというと、「今のままで、十分ご満足されているかもしれませんが、それはあなたの勘違いかもしれませんよ」ということを伝えなければならないのです。

要は、**「そのままでいることのデメリット」**を相手に伝えるのです。「メリット」ではないのです。「デメリット」を、相手に伝えてあげなければならないのです。

3 顧客の心理状態を見分ける「OATHの法則」

既存客と新規客では、こちらに対する姿勢が違います。営業のトークというのは、お客様の心理状態を見分けて変えていかなければなりません。そのことをよく理解せず、闇雲に巻にあるトーク技術を活用したとしても、お客様は振り向いてくれません。

ここで、お客様の心理状態を見分けると言っても、どのような心理状態があるのかという疑問が湧いているかもしれませんので、お客様の心理状態について、くわしく解説したいと思います。お客様の心理状態を把握するうえで、このような法則があります。

それは、**「OATH（オース）の法則」**というものです。

OATHとは、O（Oblivious：無知）、A（Apathetic：無関心）、T（Thinking：考えている）、H（Hurting：苦痛）というものです。

たとえば、虫歯を例にすると、「O」は虫歯に気づいていない状態、「A」は歯が痛むことには気づいているが、そこまで痛むものではないので放っておいている状態、「T」は虫歯がズキズキしはじめて、歯医者に行かなければならないか？　と考えている状態、そして、「H」は虫歯がかなり痛んでいて、今すぐにでも歯医者に行かなければと感じている状態です。

お客様の心理状態は、この4つのうちのどれかに必ず該当するはずです。そして、この4つの心理状態の中でも、トークを変えなければならない境界線があります。それがどこかというと、OAとTHの間なのです。実は、このOAの状態のお客様とTHのお客様に対しては、**まず、何を訴えかけなければならないのかが違う**のです。

たとえば、あなたが健康食品を販売している営業マンだったとしましょう。THのお客様は、すでに問題を解決しなければならない、と考えているため、商品のメリットを提案すれば、簡単に耳を傾けてくれるはずです。

たとえば、太っていることに悩んでいて、すぐにでも体質改善をしなければならないと考えている人には、このように商品のメリットを紹介すれば、すぐに耳を傾けてくれます。

営業「こちらの商品ですが、1日1回食後に3錠飲んでいただくだけで脂肪が分解され、3ヶ月で体重が○kgも落ちるのですよ」

お客「本当にそんなに効くのですか？　それはいくらですか？」

と、すぐに反応するのです。しかし、OAのお客様は同じようにはいきません。まだ、問題すら認識していない、もしくは問題に対して無関心なお客様だからです。

そのようなお客様に対して、「1日1回食後に3錠飲んでいただくだけで脂肪が分解され、

3ヶ月で体重が○kgも落ちる」という話をしたところで、「だから、何？」という返事が返ってくるだけです。

このOAのお客様に、まず最初に訴えかける内容は、商品を利用してもらうことのメリットではないのです。「そのままでいることのデメリット」を伝えなければならないのです。たとえば、「そのままでいることのデメリット」とは、このようなトークです。

「ごぞんじでしたか？　40代の平均体重よりも10kg重い男性の40％以上が、50代になると脳梗塞を発症しやすいと言われています。なかには、50代という若さでお亡くなりになる方もいらっしゃるのですよ」

などと言われるとドキッとします。自分の体重を考えると、平均体重よりも10kg以上重くなっている可能性があるからです。まず、最初に現状のままでいることのデメリットを伝えた後で、先ほどと同じように商品のメリットを提示するのです。

「でも、体重を減らすために運動をしろと言われても、仕事で忙しくて、なかなかそんな時間は取れないし、週末ぐらいはゆっくりしたいと思われますよね。そこで、こちらの商品なのですが、1日1回食後に3錠飲んでいただくだけで脂肪が分解され、3ヶ月で体重が○kgも落ちる商品なのです」

と言われると、ちょっと試してみようかな、という感情が湧き上がってきます。そして、新規開拓のお客様というのは、ほとんどがこのOAのお客様です。あなたの商品・サービスに無知か、無関心であるお客様がほとんどなのです。そのような心理状態のお客様に、いくら商品のメリットを話しても、あなたの話に耳を貸すことはないでしょう。

だからこそ、まず最初に、「そのままでいることのデメリット」を相手に伝える必要があるのです。

4 デメリットの感情を刺激すると価格が度外視される

この項では、デメリットを相手に伝えることで発生する〝思わぬ力〟について、少しお話ししたいと思います。新規客に耳を傾けさせるためには、「そのままでいることのデメリット」を伝えなければならないと説明しましたが、実は、デメリットを相手に訴えかけることによって、ある効果をもたらすことができるのです。その効果とは、**「価格が度外視される」という効果**です。

人は、商品やサービスを購入する時に、その商品やサービスが、支払う対価と見合うか、もしくはお買い得感を感じるかなど、価格と価値を見比べて商品やサービスを購入するかどうかを決定します。価格がいくらかは、商品やサービスを購入するうえで大きな判断材料となります。しかし、このデメリットを訴求することで、**商品を購入することに対する価格の感応度は低下する**のです。

人間の脳の3大原則として、「快・不快の原則」というものがあります。「快・不快の原則」とは、快を求めて、不快を避けるという原則です。

人は、喜びや幸福を感じることを積極的に求めていくし、苦手なことや嫌なこと、苦痛を感じることを避けたいという欲求が自然と湧いてくるのです。そして、この2つの感情ですが、**快を求める欲求よりも不快を避けたいという欲求のほうが、人の感情に強く働きかけます。**

たとえば、「営業の業績を上げたらインセンティブを支給する」と、会社側からの提示された場合と、「営業の業績を上げなければ減給にする」と、会社側から提示された場合では、あなたはどちらのほうに強く反応するでしょうか。おそらく、後者だと思います。

不快を避ける欲求のほうが、あなたの感情に強く働きかけるのです。そして、快よりも強く感情に訴えかけるこの不快への感情は、価格への感応度も低下させるほどの影響力を持っているのです。不快の感情とは、具合的には「恐怖」「不満」「不安」「心配」「怒り」「悲しみ」「恥」「ねたみ」などで、この感情に訴えかけることによって、価格への感応度を低下させる効果を発揮します。

たとえば、あなたが具合が悪くなって病院に行ったとします。病院でいろいろな検査をしてもらい、原因を確認してもらいました。その検査後に、あなたが医者から宣告された診断結果が「末期がん」だったとします。

あなたは、自分の命が危ないと感じ、医者に助かる方法を聞くはずです。そして、助かる方法が、高額な手術を受けることであったとしても、あなたはその問題を解決するために、支払うという選択をするはずです。

他にも、夫が浮気をしているのでは？　と不安になった奥さんが、探偵会社に浮気調査を依頼しようと考えたとします。その依頼先の選定で、価格の安い探偵会社を選ぶでしょうか？おそらく、価格の安さよりも、自分が抱えている問題を解決することが優先され、逆に高い金額を設定している探偵会社のほうがしっかり仕事をこなしてくれると思い、選ばれやすくなるのではないでしょうか。

あなたがもし、競合と似たような商品を取り扱っていて、いつも値引き競争になっているのであれば、お客様の不快の感情に訴えかけるような営業スタイルに変えることをお勧めします。

相手の不快の感情を解消するものとして、あなたの商品があるということを訴えかけることができるようになれば、あなたは値下げ競争から抜け出すことができ、他社よりも高くても購入してもらえる営業マンになれるのです。

そして、新規客に耳を傾けさせることも「デメリット」＝「不快の感情」に訴えかけることです。新規開拓のトーク技術を身につけることができれば、新規開拓ができると同時に、値引き営業からの脱却にもなるということなのです。

5 警戒心の強い相手に近づく方法（Awake：感情の喚起）

これまでお話ししてきたように、新規客への最初のアプローチである「感情の喚起」のステップでは、「そのままでいることのデメリット」を伝えることが必要です。この方法を使って、相手に不快から回避したいという感情を抱かせることによって、あなたの話に耳を傾けさせることができるのです。

しかし、ここで気をつけてほしいことがあります。それは「そのままでいることのデメリット」の**伝え方**です。新規客は、見知らぬ営業マンが目の前に現われて、何か売りつけられるのではないかと警戒しています。その警戒している相手に対して、ストレートに「そのままでいることのデメリット」を伝えてはいけません。

たとえば、私のような企業融資の営業をしていた人間であれば、「資金繰りにお困りではありませんか」とストレートに相手に投げかけたところで、「間に合っています」と言われるのが関の山です。なぜなら、相手は売り込まれることを警戒しているからです。

ここで、相手に耳を傾けさせるためには、相手に売り込まれていると感じさせないような工夫が必要になります。売り込まれているように感じさせない工夫とはいったい何か？　それは**「マイフレンドジョン」**というトーク技術を使うのです。

「マイフレンドジョン」とは、**自分の意見を、まるで他人の意見や体験のように言うことで説得効果を高める方法**です。人は、他人事のストーリーを聞いている時は警戒心が薄れるものです。たとえば、あなたの会社の近所に、得体の知れない料理を出す店がオープンしたとします。店の立て看板の料理写真を見ても、あまりおいしそうには見えません。

そこに友人が食べに行き、あなたにこう話したとします。

「おい、近所にできたあの得体の知れない料理屋、この間行ってきたけど、食べてみたら意外にうまかったよ。お前も食べに行ってみろよ。絶対気に入るから」

と直接的に説得されても、どこか、まだ警戒心が残っているはずです。しかし、この情報を他人の意見や体験のように話をすると説得効果が高まるのです。

「あっ！　そういえばこの前、近所に得体の知れない料理屋ができただろ。昨日、○○部の△△ちゃんが食べに行ったらしいんだけど、意外においしかったらしいぜ。今度食べに行ってみようか」

このように、自分の意見ではなく他人の意見であることを強調して話すことで、説得効果が高まるのです。たとえば、先ほどの企業融資の営業であれば、

「よく、営業でこの辺りを回らせていただいているのですが、取引先の入金ズレなどで運転資金が不足する企業が増えているみたいですね。でも、不足した運転資金を借りようとしても、銀行がまったく相談に乗ってくれないと困っている方が多いんですよ。御社も、過去に銀行さ

んの対応に不満を感じたことなどはございませんか?」

というように、「銀行は、いざというときに相談に乗ってくれない」という話を、自分が言っているのではなく、あたかも他人が言っているかのように伝えるのです。

他にも、例を出してみましょう。たとえば、不動産販売の営業であれば、このような感じになります。

「老後の年金が期待できないので、このまま賃貸アパート暮らしを続けていいのか不安を感じている方が多いみたいです。60をすぎて、定年になって収入がなくなることを考えると、家を購入して定年までにローンを払い終えていたほうが、老後が安心できるとお考えの方が増えているようです。ちなみに今後、お住まいはどうされるご予定ですか?」

このトークも、私が言っているのではなく、第三者の意見としてこのようなものがあったと主張しているだけなので、直接言われるよりも聞き入れやすくなるのです。

新規客はこちらを警戒しています。その警戒心を解くためにも、細心の注意を払って営業を仕掛けていかなければならないのです。そして、このように「そのままでいることのデメリット」から訴えかけることで、副産物的な効果もあります。

新規開拓というと、一度断られたお客様には、二度三度とは訪問しづらいと思っている営業マンが多いのではないでしょうか。なぜ、二度三度繰り返しお客様のところに訪問に行くことができないのかというと、すでに商品説明や商品のメリットを提案してしまっているからです。

商品説明をしてしまえば、一度目は話を聞いてくれたとしても、二度目三度目につなげることは難しくなっていきます。一度聞いた話は、二度も三度も聞く必要がないため、お客様も「もう、その話は聞いたから」「必要になったら連絡するから」という反応になっていくからです。

しかし、先ほどのデメリットから訴えかけていく方法であれば、まだ商品説明はしていませんん。お客様の様子うかがいをしているだけです。そのため、何度も訪問したとしても、売り込みではなく、お客様のことを心配していると受け取られるのです。繰り返し訪問しても、「いつも心配してもらって悪いね」という反応になるため、**何度も訪問しやすくなる**のです。

「何もネタがないのに、何度も訪問できない」という悩みを持つ営業マンは多いと思いますが、トークの導入を変えることによって、それが可能になるのです。そして、このデメリットからの訴求は、新規開拓のトークにおいては必須の要素になります。

あらためて、あなたのトークを点検してみてください。「デメリット」＋「マイフレンドジョン」で、突破口は必ず開けるはずです。

6 理解を深めるためのトークテクニック(Understand:理解)

次に、相手の不快の感情に訴えかけ、耳を傾けさせた後は、「understand（理解）」のステップに移っていきます。

現段階では、不快の感情が動き出して、相手の注意をひいただけで、具体的に考えようというレベルにまでは達していません。ここでは、相手に行動に移してもらうために、さらに理解を深めてもらわなければならないのです。

さらに理解を深めるためには、相手に**「具体的にイメージ」**させることが必要です。

自動車販売のトップセールスは、お客様の購入を促進させるために、試乗することを勧めます。なぜそうするかというと、試乗させることで商品のよさへの理解が深まるからです。洋服屋の店員が、お客様に試着させるのも同じです。試着させることによって、実際にその洋服を着て出かける自分の姿をイメージさせることで商品への理解を深めさせているのです。

「理解」＝「言葉」×「体験」と言いますが、体験させることで理解は促進されるのです。ただし、必ず実体験が伴わなければ理解されることはないかというと、必ずしもそうではありません。営業においては、疑似体験でも立派な体験になるのです。

また、商品のよさを伝えても、魅力的に感じさせる言葉と、それほど魅力的に感じない言葉があります。その違いは何かというと、具体的にイメージできるような言葉を使っているかどうかです。

たとえば、新しく販売された携帯電話に対して、「これは、若い女性に人気の機種です」と言うよりも、「これは、10代の若い女性に人気で、先ほども制服を着た3人の女子高生たちが店頭で手に取って、『これ、すっごいかわいいよね～』って言いながらはしゃいでいましたよ」

と言われたほうが具体的にイメージすることができて、その機種の人気が伝わってくるのです。

具体的にイメージできる言葉を使って、お客様に疑似体験をさせることで、商品についての理解を促進させるのです。

では、具体的にどのようなトークになるのかをやってみましょう。たとえば、私の前職のような企業融資をしている営業マンであれば、このようなトークになります。

営業「よく、営業でこの辺りを回らせていただいているのですが、取引先の入金ズレなどで運転資金が不足する企業が増えているみたいですね。でも、不足した運転資金を借りようとしても、銀行がまったく相談に乗ってくれないと困っている方が多いんですよ。御社も、過去に銀行さんの対応に不満を感じたことなどはございませんか？」**（感情のステップ）**

お客「うちはまだ大丈夫だけど……」

営業「そうですよね。当然、今は大丈夫だと思います。でも、いざ銀行に頼れないとなると、友人や知人にお金を融通してもらうしかなくなりますが、お金を借りて相手に後ろめたさを感じるようになって、これまでの関係がギクシャクするようなことがあったら嫌ですよね」**（理解のステップ）**

と、具体的にイメージできるような話をしていくのです。

お金を友人から借りたことで、関係がギクシャクしてしまうイメージを湧かせるようにするのです。具体的に状況をイメージさせることができれば、不快の感情が動き出し、危険を回避したいと思うようになります。

また、他にも先ほども例をあげた不動産販売の場合であれば、このような展開になります。

営業「老後の年金が期待できないので、このまま賃貸アパート暮らしを続けていいのか不安を感じている方が多いみたいです。60をすぎて、定年になって収入がなくなることを考えると、家を購入して定年までにローンを払い終えていたほうが、老後が安心できるとお考えの方が増えているようです。ちなみに今後、お住まいはどうされるご予定ですか？」

（感情のステップ）

お客「別に、具体的には何も考えていないけど」

営業「そうですよね。具体的にお考えであれば、もうとっくに動いていらっしゃいますよね。でも、家賃支払いのために老後も働き続けなければならなくて、ゆっくりと余生を楽しめないのは嫌ですよね。できれば、奥さんと旅行に行ったり、趣味に没頭したいですよね」**（理解のステップ）**

これも、先ほどのトークと同じように、定年後に家賃を支払うためにせっせと働き続けているイメージを湧かせて、余生をゆっくりすごせなくなることへの不快の感情を刺激することによって、危険から回避したいと思わせているのです。

人は、表面的な言葉だけでは理解することはできません。具体的に、情景が思い浮かぶような言葉やたとえ話を使うことによって、あなたの話に引き込まれていくのです。

7 アポが取れない人の共通点(Memory:記憶)

「感情の喚起(Awake)」→「理解(Understand)」の次は、「記憶(Memory)」のステップに移っていきます。これまでのステップで不快の感情を刺激し、その具体的な情景をイメージさせることで、お客様は「そのままでいることのデメリット」を理解しています。

この次のステップとして、お客様の記憶に残していくトークを打たなければなりません。相手の記憶に残していくためには、不安を煽るだけではいけません。必ず、その解決策も提示しなければならないのです。

不安を感じる出来事が起きて、簡単に解決できそうもない場合、人は不安を感じ続けたくないため、ある思考になっていきます。それは**「現実逃避」**という思考です。不安を煽るだけでは現実逃避されてしまうため、**それを回避する解決策も同時に教えてあげなければならない**のです。

不安を回避する解決策とは、あなたの商品の提案です。ここで初めて、商品・サービスの紹介のステップになるのです。しかし、ここで気をつけていただきたいことがあります。それは、**「すべてを話さない」**ということです。

トークはうまく話せているのに、なかなかアポが取れないという方がいます。その原因は、話しすぎなのです。解決策のすべてを、ファーストアプローチの段階で話してしまっているため、相手がすべてを理解してしまい、「検討しておきます」とか「必要になったら連絡します」と言われてアポが取れないのです。

すべてを話すのではなく、ひとつか2つほど商品の内容を伝えた後は、具体的な商品の説明はせずにアポを取りにいくのです。これは、「ティーザー広告」の原理と同じです。

「ティーザー広告」とは、情報を小出しにして顧客の好奇心を煽る広告手法です。たとえば、商品の一部だけを紹介し、あえて他の部分は紹介しないことで、顧客の期待を膨らませて注目を集めるのです。よく、映画の宣伝などに使われているのが、まさにこのティーザー広告です。興味をひく映像の一部分だけを配信して、「続きは映画館で」とじらされることで、思わず映画館に足を運んでしまうのは、このティーザー広告の効果です。

テレアポなども、これと同じように、すべてを話してしまうと相手の興味・関心がなくなります。だからこそ、少しだけ商品の紹介をして、相手が興味・関心を示したら、「続きは、一度お伺いしてから」と、アポ設定に入るのです。

今、テレアポを想定してお話ししていますが、飛び込み営業でも同じです。感情を刺激し、理解させ、解決策を提示する時、そこですべてを話さないのがコツです。

相手が、「もう少し教えてくれ」という姿勢になったのであれば、**一度この後に時間を取れ**

るのかどうかを確認します。

もし、そこで時間が取れるようであれば、商品のすべてを説明してもいいのですが、時間が取れないのであれば、仕切り直したほうが得策です。なぜなら、商品説明を聞くだけ聞いて、「申し訳ない。この後、出かけなければならなので」と逃げられる可能性があるからです。

そのようなリスクを回避するためにも、この後に時間を取れるかどうかを確認し、時間が取れないのであれば、後日あらためて話をするアポを取るべきです。そして、ここで何を提案するかの内容についてもお伝えしましょう。

ここで提案する内容、それは「メリット」＋「証拠」です。商品のメリットを紹介するだけではなく、メリット提案に証拠を付け加えていただきたいのです。

なぜ、証拠を付け加えていただきたいかというと、あなたはまだ相手に信用されていないからです。まだ、あなたの言葉を信用していないので、信用してもらうための証拠が必要になるのです。証拠として提示するものとして有効なのは、**「社会的証明」**と**「権威」**です。

「社会的証明」とは、3章で解説した原理です。「私たちは、他人が何を正しいと考えているかに基づいて、物事が正しいかどうかを判断する」というものです。

「自分で何を買うかを決められる人は全体のわずか5％、残りの95％は、他人のやり方を真似する人たちです。ですから、私たちがあらゆる証拠を提供して人々を説得しようとしても、他人の行動にはかなわないのです」（キャベット・ロバート）

という言葉にもあるように、人は商品を購入するにあたって、他人がどのように行動しているかに大きく影響されます。そこで、証拠として提示していただきたいのは**「販売実績」**と**「お客様の声」**です。

「当社の商品は、1000社以上の企業様にご利用いただいております」

「当社の商品をお使いいただいた方から、○○のようなお言葉をいただいております」

という他人の行動を紹介することにより、あなたの言葉に信憑性を付け加えていくのです。

そして、もうひとつの方法が「権威」という方法です。**人は、権力のある人、専門家の意見を盲目的に信じ込んでしまう**心理があります。たとえば、医者が出してくれた処方箋をもとに出された薬は、必ず効くはずと疑いもしません。しかし、医者が出してくれた薬が効かずに、症状がまったくよくならないことなど、よく聞く話です。これが、まさに権威の力なのです。

では、権威の力を活用するために提示する証拠とは具体的に何かというと、**「有名企業との取引」**や**「大学との技術提携」「マスコミへの掲載実績」**などです。

「当社の商品は、あの有名な○○（企業名）もお使いいただいています」

「当社の商品は、○○大学との技術提携で作られたものです」

「当社の商品は、○○新聞に掲載された実績などもございます」

などといった、有名企業や大学の権威の力を利用して、あなたの言葉の信憑性を高めていくのです。商品の紹介についても、あなたの言葉は信用されていないという考えのもとに、何を伝えるべきかを考えていかなければなりません。

8 興味は高まっているのに最後は断る理由(Fade:葛藤の解消)

続いて、「葛藤(Fade)」のステージです。

これまで、感情を刺激し、理解を深め、記憶に残すステップまで進んできました。ここでようやく、アポ設定といきたいところですが、なかなかそう簡単にはいかないのが新規客です。

顧客の「感情」のステップで不快の感情を刺激し、「理解」のステップで具体的にイメージをさせ、そして記憶のステップであなたの商品の「メリット」+「証拠」を提示してきました。

ここまでくれば、もう行動を起こしてくれるはずと思いたいところですが、ここでお客様の中に、ある心理が生まれます。それは、「本当に必要なものだろうか?」「安易に判断するのはよくないのではないか」「よく考えてから決めたほうがいいのではないか」「この人の話を、本当に信じてもいいのだろうか」などといった葛藤です。

私たちは、子供の頃から、よくこのような教育を受けています。「何かを買う時は、よく考えてからにしなさい!」と。あなたも、母親に言われ続けた経験があるのではないでしょうか。

私たちは、安易に物事を決定することをよくないことだと考えがちです。

そのため、商品に興味を持ったとしても、「おっと、ダメだダメだ、もっと考えなくては」

という「理性」が働くのです。その理性から出た言葉が、「今はちょっと時間がないので」とか「また、その時期になったら検討します」という断り文句なのです。

この断り文句を真に受けて、「それでは、その時期になりましたら」と言っているようでは、新規客を獲得することはできません。

相手は、もう買うことをイメージしはじめているのです。ここで、安易に期限を延ばしてしまうと、せっかく湧き上がった感情が収まり、検討することをやめてしまう結果になりかねません。ここで何をしなければならないか。それは、**「理屈づけ」**をしてあげなければならないのです。理性をコントロールするために、行動することへの理屈づけをしてあげるのです。

人は、**感情で買い、理性で納得して購入する**という行動を起こします。最初から、理論的に「○○だから買う」という思考プロセスをたどるわけではなく、まず、「ほしいな」という感情が湧き、その後、この商品がなぜ必要なのかを理屈づけしていくのです。

たとえば、女性であれば、ウィンドウショッピングをしている時、ある店の店頭で気に入った服を見つけたとします。すると、まず、「買いたい」という感情が湧き、その後に、「ここ最近、仕事をがんばっているから、そのご褒美として」というように理屈づけをして、商品を購入する意思決定を行なっているのです。

なぜ、理屈づけをするのかというと、「買いたい」という感情が湧いた瞬間に理性が起動し、「本当に買ってもいいのかしら?」「ムダな買い物にならないかな?」といった葛藤が起きるからです。この葛藤を解消するために、理屈づけをして買うことを正当化しているのです。そのため、**買うという最終決定を下してもらうためには理屈が必要**になるのです。つまり、買うこと、行動を起こすことを正当化してあげる必要があるのです。

では、理屈づけとは、具体的にどのようなことをするのでしょうか。それは、営業をやったことがある人であれば、誰でも知っている手法です。

それは**「応酬話法」**です。

相手の断り文句に対して、応酬話法を使うことによって、相手の買いたいという思いが正当化され、実際に行動に移すことになるのです。

それでは、この次に買うことを正当化する「応酬話法」について解説していきます。

9 断るお客様が思わずうなずく応酬話法

理性を覆すためには、買うことへの理屈を与えればいいわけですが、ヘタに理屈づけをして行動を起こさせようとすると、強引な売り込みをされているように思われてしまいます。できれば、強引な売り込みだと思われないように誘導していくことが大切です。

そこで、ここでは売り込みに聞こえない、うまい応酬話法の作り方をご紹介します。その応酬話法の作り方は2つあります。それは、**「たとえ話」**と**「ことわざ」**を活用した応酬話法です。まずは、「たとえ話」を使った応酬話法からお伝えしていきます。

「たとえ話」には、納得感を高める効果があります。あなたも、たとえ話に思わずうなずいてしまった経験があるのではないでしょうか。たとえ話は、既知と未知をつなげることで相手を納得させる手法です。

相手が、なぜ行動することに躊躇してしまうかというと、今の判断が正しいか正しくないかがわからないからです。なぜわからないのかというと、経験がないからです。経験がないため不安になり、判断が下せないという状況に陥っているのです。

そのような相手に対して、既知（たとえ話）と未知（説得したい内容）をつなげてあげることによって不安が解消され、判断が下せるようになるのです。それでは、具体的にどのように応酬話法をするのかをお見せしたいと思います。

たとえば、相手が「今は、ちょっと検討している時間がないので」という断り文句を言ってきたとします。その時、このような応酬話法を活用するのです。

「そうですよね。なかなかお時間を作るのは難しいですよね。でも、問題ってほったらかしにしていると、後になってから後悔するんですよね。たとえば、虫歯なんかもそうだと思いますけど、痛いと感じてすぐに治療に行けばたいしたことはないのに、時間がないからといって、ほったらかしにしていたら、めちゃくちゃ痛み出して、結局、歯医者に行ったら神経を抜くような痛い思いをしたり、多額の費用がかかることになって、後々になってから後悔しますよね。

それと同じなんですよ。問題って、ほったらかしにしていると、後になって後悔するんです。検討する時間がないからといって後回しにしていると、もしかしたら相当ひどくなって私どもでも対応できないことにもなりかねないんです。そうならないように、早目にご相談をいただきたいと思っているんです」

というように、虫歯をたとえ話に使って、問題を先送りすることのリスクを伝えるのです。ポイントとしては、いきなり反論から入らず、必ず一度相手の意見を肯定するのです。

そして肯定した後に、結論（伝えたいこと）→たとえ話→結論（伝えたいこと）という流れで話をしていくのです。また、たとえ話は、誰もが想像できるような身近な内容にしなければ伝わりません。たとえ話が想像できないような内容だと、相手の既知と未知をつなげることにはならないため、どのようなたとえ話を選択するかも、気をつけるポイントです。

主婦であれば買い物のこと、経営者であれば経営に絡む内容、ビジネスマンであれば仕事に関わるたとえ話をすることができれば、より成約率は高まります。

次に、「ことわざ」を使った応酬話法です。「ことわざ」も、たとえ話と同じように説得力があります。「百聞は一見にしかず」「チリも積もれば山となる」というようなことわざを、会話に紛れ込ませることによって説得力が高まるのです。

それでは、具体的に「ことわざ」での応酬話法をお見せしたいと思います。たとえば、お客様から「今すぐは必要ないよ」とよく言われると思いますが、このタイミングでことわざ応酬話法を使ってみます。

お客「う〜ん、今すぐは必要ないかな……」

営業「たしかに、今すぐ必要であれば、もうすでに動いていますからね。でも、当社も今すぐの話をしているわけではないんです。**『備えあれば憂いなし』**って言うじゃないですか。本当に必要になった時に、あまりいい商品だとは思えないのに、時間がないからって購入せざるを得なくなるのは嫌ですよね。だからこそ、まだ必要がない今のうちに、当社の商品をよく吟味していただきたいんですよ」

「備えあれば憂いなし」という言葉があるだけで、妙な納得感を感じなかったでしょうか。

これが、「ことわざ」の持つ力なのです。応酬話法はひとつ間違えると、ただの押し売りに受け取られかねません。相手にそのように感じさせないように、「たとえ話」や「ことわざ」を使うことで、売り込み色を消しながら買うことを正当化してあげれば、必ず相手は動き出すはずです。

10 アポ設定の3つのテクニック(Action:行動)

そして、最後に「行動(Action)」のステップとなります。ここまでくれば、もうアポは目の前です。ただ、ここで気を抜いてはいけません。最後にアポ設定における注意点と、それを解消するテクニックをお伝えします。

アポ設定における3つのテクニックとは、

①終わりの時間も設定する
②断ってもいいことを伝える
③キーマンを引き出す

です。

では、**「終わりの時間も設定する」**からご説明していきます。

あなたは、お客様とのアポ設定をするとき、いつもどのようにアポを設定しているでしょうか？　おそらく、このようなアポ設定をしていることと思います。

「一度お伺いして、お話をさせていただきたいのですが、いつ頃ぐらいならご都合がよろしいでしょうか？」といった具合では、ないでしょうか。

このアポ設定に、多くの営業マンが何も違和感がないと感じていることと思いますが、このアポ設定の方法ではまだ不十分です。何が不十分かというと、終わりの時間まで設定していないからです。なぜ、終わりの時間も設定しなければならないかというと、商談の最中に逃げられてしまうリスクがあるからです。

あなたが、訪問に行って商品説明をはじめました。そこで、話が盛り上がってきてもう少しでクロージングというところで、「あっ、ごめん。今日はこれから出かけなければならないんだ。商品のだいたいのところはわかったので、あとはこちらで検討しておきます」となる可能性があるのです。これを防ぐためにも、終わりの時間をきっちりと設定しておくのです。

どのように設定するかというと、「一度、お伺いしてお話をさせていただきたいのですが、2時間ほどでしたら、いつ頃ぐらいがご都合がよろしいでしょうか」というように、どれぐらい時間がかかるのかをアポ設定の時に伝えておくのです。

そして、2つ目の**「断ってもいいことを伝える」**です。

アポ設定の段階で、先ほどのようなアポ設定をしても、まだアポイントを取らせずに悩んでいる方もいます。興味・関心はあり、話を聞いてみてもいいと考えてはいるのですが、なぜかまだ「来てもいいよ」と言わない人です。

この瞬間、相手が何を考えているかというと、このような考えが頭を巡っているのです。

「営業マンに来てもらって、商品が気に入らなければどうしよう。はっきりと断れるかな」

このような考えがあるため、まだアポを取らせずにあいまいな返事をしているのです。このようなお客様には、しっかりと断ってもいいことを伝えることが最も効果的です。

「もし、私がご紹介しました商品が気に入らなければ、断っていただいてもかまいません」と相手に伝えてあげるのです。このひと言を伝えてあげるかどうかで、アポが取れる確率は変わってくるはずです。

そして、3つ目、**「キーマンを引き出す」**です。

法人営業の場合、電話口に出ている担当者だけで購入を決裁する可能性は低く、多くの場合は、さまざまな立場の人が意思決定に参加します。そのため、担当者とだけアポイントを取って商談をしたとしても、再度、日をあらためてキーマンとの商談日を設定しなければならないケースがほとんどです。できれば、一度の訪問で商談を進めたいところです。

しかし、「ご決裁いただける方もご同席いただけないでしょうか」と、キーマンとの段取りも同時に取ろうとすると、電話口の担当者は自分自身を軽視されたような気分になり、アポ自体が断られることにもなりかねません。

そこで、うまくキーマンを引っ張り出すためには、「今回の件について、ご相談しておきたいと思う方はいらっしゃいますか？」と伝えるのです。この話法であれば、相手に悪い印象を与えることなく、キーマンを引っ張り出すことができます。

アポ設定のステップでは、この3つのテクニックを駆使することで、凡人営業とは違うワンランク上のアポ設定ができるようになるのです。

著者略歴

水田裕木（みずた　ひろき）

株式会社アタックス・セールス・アソシエイツ
甲南大学　経済学部　経済学科卒業後、大手金融会社入社。その後、アタックス入社。

前職では、大手ノンバンクで中小企業への融資業務を担当。営業活動のみならず、与信管理、債権回収にも従事する。営業手法はテレアポ営業を主体とした新規開拓が中心で、1日200本のテレアポ営業をこなす。営業部門での実績は、新規開拓件数全国2位（営業数約850名）。管理部門では、50社以上の債権事故を取り扱う中、貸倒は2社のみ。

2006年アタックス入社。会計を中心としたコンサルティング会社で、非会計部門となる営業コンサルティング部門の立ち上げに参画。予材管理を使った営業マネジメントを軸に、ターンアラウンドマネージャーとしてクライアントの営業組織の変革を支援。前職の経験を活かし、「新規開拓」や「与信管理」に強みを持つコンサルタントとしても評価を得ている。実践的なノウハウをもとにしたセミナー、研修が好評で、10,000名近くの営業社員を有する企業での研修実績もあり。現場経験をもとにした研修が好評で、日本屈指の営業力を誇る野村證券の研修講師も担当している。

また、10,000人のトップセールスにインタビューを行ない、ノウハウを体系化することもミッションとしている。


“最低でも目標達成”できる営業マンになる法

平成 25 年 5 月　9 日　初版発行
平成 25 年 5 月 10 日　2刷発行

著　者――水田裕木
発行者――中島治久
発行所――同文舘出版株式会社
東京都千代田区神田神保町1-41　〒101-0051
電話　営業03（3294）1801　編集03（3294）1802
振替00100-8-42935　http://www.dobunkan.co.jp

ISBN978-4-495-52241-4
印刷／製本：萩原印刷
Printed in Japan 2013